RECUEIL MÉTHODIQUE

DES

LOIS, ORDONNANCES; RÈGLEMENTS,

ARRÊTÉS ET INSTRUCTIONS,

RELATIFS A L'ENSEIGNEMENT, A L'ADMINISTRATION ET A LA COMPTABILITÉ

DES

ÉCOLES NORMALES PRIMAIRES.

RECUEIL MÉTHODIQUE

DES

LOIS, ORDONNANCES, RÈGLEMENTS,

ARRÊTÉS ET INSTRUCTIONS,

RELATIFS A L'ENSEIGNEMENT, A L'ADMINISTRATION ET A LA COMPTABILITÉ

DES

ÉCOLES NORMALES PRIMAIRES;

Suivi

De Tableaux présentant les résultats qu'ont produits jusqu'à ce jour
ces écoles;

PAR M. ALLARD,

Chef de bureau au ministère de l'Instruction publique.

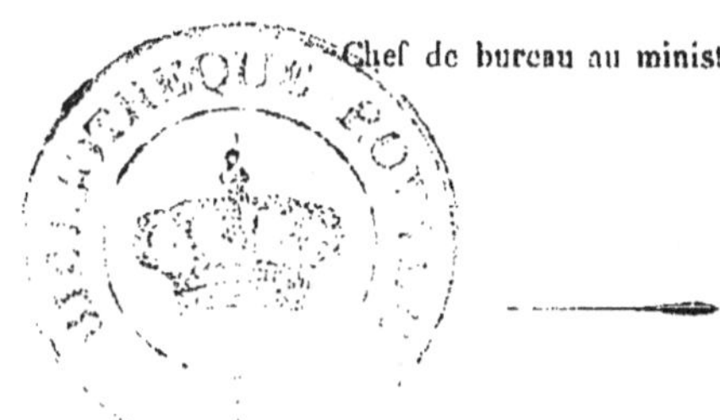

PARIS,

LIBRAIRIE NORMALE DE PAUL DUPONT ET Cie,
rue de Grenelle-Saint-Honoré, 55.

ET CHEZ LES PRINCIPAUX LIBRAIRES DE FRANCE.

1843

Les écoles normales primaires sont appelées à exercer une immense influence sur l'amélioration de l'instruction populaire. Elles ont pour mission de former des instituteurs capables de répandre dans les campagnes, avec les premières connaissances indispensables à tous les hommes, cette éducation morale, qui fera de leurs élèves des fils respectueux, de bons pères de famille, des citoyens amis de l'ordre et des lois. L'importance des écoles normales a été heureusement appréciée par l'Académie des sciences morales et politiques. Deux fois elle a proposé comme sujet des prix qu'elle distribue, la question de savoir quels perfectionnements peut recevoir l'institution de ces écoles, considérée dans ses rapports avec l'éducation morale de la jeunesse. Malheureusement l'administration n'a pas pu trouver, dans les mémoires des concurrents, les motifs de quelque réforme sérieuse à introduire dans le régime des écoles normales. Les uns, dirigés par leur intérêt personnel, se sont uniquement préoccupés des dommages que pourraient éprouver les établissements d'instruction placés dans les villes, si les instituteurs formés dans les écoles normales étaient, par leur aptitude pour l'enseignement, par la nature et l'étendue de leur modestes connaissances, à même de donner aux habitants des campagnes une instruction appropriée à leurs besoins. Ils se sont efforcés d'amoindrir moralement l'instituteur en proposant de ne lui donner qu'une instruction infiniment restreinte, de ne lui assurer qu'un très-modique traitement, enfin de ne lui faire, dans les communes, qu'une position tout à fait subalterne. Les autres se sont attachés à présenter, sur la direction morale à imprimer à l'éducation des élèves-maîtres, des considérations qui ne sont que le développement de ce qu'a prescrit à ce sujet l'administration. Les écoles normales sont restées, après l'apparition de ces mémoires, ce qu'elles étaient avant leur publication.

L'Université, avant de fonder les écoles normales primaires, avait profondément médité sur la nature des services que doivent rendre au pays ces établissements, et sur les mesures à prendre pour en obtenir des instituteurs capables, pénétrés de l'importance de leur mission, pleins de dévouement pour la remplir. Sans doute, tout n'est pas parfait dans nos écoles normales. Quelle est l'œuvre des hommes qui n'est pas susceptible de perfectionnements? Peut-être donne-t-on trop d'extension à l'étude de l'histoire et de la géographie anciennes pour ceux des élèves qui sont destinés à être instituteurs dans les communes rurales. Peut-être consacre-t-on trop de temps à l'examen de difficultés grammaticales pour lesquelles les écrits de nos grands maîtres présentent des solutions contradictoires. Peut-être serait-il convenable d'employer le temps qu'exigent ces études à mettre les futurs instituteurs à même de donner aux élèves qui leur seront confiés des notions d'agriculture qui les prépareraient pour la position qu'ils doivent occuper dans la société; qui leur apprendraient à l'aimer, à s'y attacher fortement, à en tirer pour leur avenir le meilleur parti possible. Peut-être, enfin, les directeurs et les maîtres ne sont-ils pas encore bien pénétrés de la différence qui existe entre une école normale et une école primaire, et se bornent-ils trop souvent dans leurs cours à présenter plutôt un enseignement direct des diverses parties de l'instruction primaire, qu'une exposition des méthodes qu'il faut suivre en les enseignant. : erreur funeste qui détournerait ces établissements de leur véritable destination, et qui fut la cause de la suppression de la première école normale. Mais si ces doutes sont fondés pour quelques écoles normales, il est facile de voir que la faute doit en être principalement attribuée aux maîtres et qu'il suffit de leur rappeler leurs devoirs à ce sujet sans qu'il soit nécessaire de changer les règlements qui régissent ces établissements.

Le premier de ces règlements fut préparé par le conseil royal antérieurement à la promulgation de la loi sur l'instruction primaire, et approuvé le 14 décembre 1832 par M. Guizot, alors ministre de l'instruction publique. Depuis cette époque jusqu'au 15 décembre 1842, date de l'ordonnance royale rendue sur le rapport de M. Villemain, ministre de l'instruction publique, pour régulariser l'organisation de la gestion économique des écoles normales primaires, il est intervenu un grand nombre d'arrêtés et d'instructions sur tout ce qui concerne l'enseignement, l'administration, la discipline et la comptabilité de ces établissements. Quelques-unes de ces instructions se sont égarées, soit dans les préfectures, soit dans les écoles normales, et il est aujourd'hui impossible de les remplacer. Des décisions prises sur des cas spéciaux sont restées inconnues aux écoles qui ne les avaient pas provoquées et dans lesquelles elles devraient cependant être exécutées. Aussi les diverses autorités, dans les attributions desquelles sont placées les écoles normales primaires, éprouvaient-elles depuis longtemps le besoin d'avoir un ouvrage dans lequel seraient résumés et classés méthodiquement les lois, ordonnances, règlements, instructions, arrêtés et décisions relatifs à ces établissements. Leur organisation étant aujourd'hui complétée par les récentes ordonnance et instructions sur la comptabilité, nous avons pensé que le moment était venu de satisfaire à ce besoin. Tel est le but de notre publication.

Nous avons donné à notre ouvrage la forme d'un code. Elle nous a offert le triple avantage de classer les matières dans un ordre méthodique, d'éviter d'inutiles répétitions, de ne reproduire que les parties des circulaires et des instructions qui contiennent des prescriptions formelles. Pour tout ce qui concerne l'enseignement, l'administration, la discipline, les devoirs des maîtres et des élèves, nous nous sommes attaché à copier textuellement les documentsofficiels, en nous bornant seulement à relier ensemble leurs diverses dispositions pour en faire un code complet. Quant au titre de la comptabilité intérieure, nous en avons puisé les principales dispositions dans les règlements qui régissent celle des colléges royaux avec lesquels les écoles normales ont, sous ce rapport, beaucoup d'analogie.

A la suite de ce recueil, nous avons cru devoir placer le pro-

gramme d'un cours de méthodes d'enseignement et de principes
d'éducation, et le programme d'un cours de notions pratiques
d'agriculture, d'horticulture, de greffe et de taille des arbres.
A notre avis ces deux cours présentent une très-grande importance sous le rapport, soit de l'aptitude des instituteurs pour
leurs fonctions, soit des services que leur enseignement peut
 rendre aux populations rurales.

Ces programmes sont suivis d'une liste des livres qui doivent
composer la bibliothèque des écoles normales, d'un catalogue
des instruments que nous avons jugés nécessaires pour donner
aux élèves les notions des sciences qu'ils doivent recevoir, enfin d'une série de tableaux dans lesquels nous avons résumé les
résultats qu'ont produits jusqu'à ce jour, dans chaque département, les écoles normales primaires.

Nous avons terminé notre publication par une table analytique et raisonnée qui permettra à chacun des fonctionnaires,
dans les attributions desquels sont placées les écoles normales
primaires, d'embrasser d'un coup d'œil toutes les obligations
qui lui sont imposées.

Assurer la régularité du service des écoles normales primaires,
en plaçant sous les yeux du directeur et des maîtres, les règles dont l'observation doit contribuer à former des instituteurs
bien pénétrés de l'importance de leurs devoirs, possédant le
dévouement et la capacité qu'exige leur accomplissement, tel
est le but que nous nous sommes proposé. La certitude de
l'avoir atteint serait notre récompense.

Paris, ce 9 août 1843.

RECUEIL MÉTHODIQUE

DES

LOIS, ORDONNANCES, RÈGLEMENTS,

ARRÊTÉS ET INSTRUCTIONS,

relatifs

A L'ENSEIGNEMENT, A L'ADMINISTRATION ET A LA COMPTABILITÉ

DES

ÉCOLES NORMALES PRIMAIRES.

INTRODUCTION.

But de la fondation des Écoles normales.

I. Les écoles normales ont pour objet de former des maîtres qui possèdent les connaissances, l'aptitude et la haute moralité, indispensables pour bien enseigner.

Création de la première École normale en France.

II. La première école normale fut instituée en France, par décret du 9 brumaire an III. L'ouverture en eut lieu le 1er pluviôse suivant, et la clôture le 3o floréal de la même année.

La suppression, ordonnée par un décret du 7 floréal, fut motivée sur ce que les professeurs, qui d'ailleurs formaient une réunion rare d'hommes illustres (1), avaient présenté dans leurs cours plutôt

---

(1) Ces professeurs étaient Lagrange, Laplace, Haüy, Monge, Daubenton, Berthollet, Thouin, Buache, Mentelle, Volney, Bernardin de Saint-Pierre, Sicard, Garat, Laharpe.

un enseignement direct des sciences qu'une exposition des méthodes qu'il faut suivre en les enseignant.

Création d'Écoles normales primaires décrétée par le gouvernement
impérial.

III. Le puissant génie de Napoléon, après avoir
sauvé la France des horreurs de l'anarchie, ne pouvait manquer, en réorganisant toutes les branches
de l'administration, de s'occuper de l'instruction et
de l'éducation du peuple. Le décret du 17 mars
1808, par lequel fut créée l'Université, porte :

« Article 107. Il sera pris par l'Université des me-
« sures pour que l'art d'enseigner à lire, à écrire et
« les premiers éléments du calcul, ne soit exercé dé-
« sormais que par des maîtres capables de commu-
« niquer facilement et sûrement ces premières con-
« naissances nécessaires à tous les hommes.

« Article 108. A cet effet, il sera établi auprès de
« chaque académie.... une ou plusieurs classes nor-
« males, destinées à former des maîtres pour les
« écoles primaires. On y exposera les méthodes les
« plus propres à perfectionner l'art de montrer à
« lire, à écrire et à chiffrer. »

L'article 109 prescrivait au grand-maître de l'U-
niversité de breveter et d'encourager les membres de
la congrégation des frères de la doctrine chrétienne,
qui est une vraie école normale ; de viser leurs sta-
tuts intérieurs, de les admettre au serment, de leur
prescrire un habit particulier et de faire surveiller
leurs écoles. Les supérieurs de cette congrégation
pouvaient, d'après les dispositions du même article,
être membres de l'Université.

Fondation d'une École normale primaire à Strasbourg.

IV. En 1811, un établissement, sous le titre de *Classe normale des Instituteurs primaires du Bas-Rhin*, fut fondé à Strasbourg par les soins du Recteur de l'académie et du Préfet du département (1), dans le but de répondre aux intentions manifestées par les articles 107 et 108 du décret impérial du 17 mars 1808.

Il contenait soixante boursiers âgés de seize ans au moins et trente ans au plus, et un nombre illimité de pensionnaires libres, dont vingt à pension entière, vingt à trois quarts de pension et vingt à demi-pension. Le montant des bourses était réparti entre les communes du département, proportionnellement à leur population, à leurs revenus, au nombre et à l'importance de leurs écoles.

Le cours d'instruction normale était de quatre années. Il comprenait les langues française et allemande, la géographie, l'arithmétique, des éléments de physique, la calligraphie, le dessin, la musique et le chant, l'étude des meilleures méthodes d'enseignement, quelques notions d'agriculture, et enfin des exercices de gymnastique.

Cette classe normale ne tarda pas à fournir des instituteurs pénétrés de l'esprit de leur état, imbus de principes moraux, formés à des habitudes régulières et capables de les inculquer à la jeunesse en

---

(1) Nous ne pourrions sans ingratitude omettre ici le nom de ces deux honorables magistrats : M. Levrault, recteur de l'académie de Strasbourg, et M. de Lezay-Marnézia, préfet.

1.

même temps que les connaissances dont elle avait besoin.

Le département du Haut-Rhin crée des bourses à la classe normale des instituteurs primaires de Strasbourg.

V. Le département du Haut-Rhin, témoin des bons résultats obtenus ainsi dans son voisinage, voulut y avoir part. Son conseil général entretint à l'établissement normal de Strasbourg un certain nombre de bourses et de portions de bourse qui furent distribuées entre les aspirants aux fonctions d'instituteur.

La supériorité de l'éducation populaire qu'on a longtemps remarquée dans les départements du Bas-Rhin et du Haut-Rhin a été généralement attribuée à l'existence de cette école normale primaire.

Circonstances qui s'opposent à la création d'autres écoles normales primaires.

VI. Mais l'administration de l'Université ayant à organiser à la fois l'instruction supérieure, l'instruction secondaire et l'instruction primaire, ne put, dans les premières années de son existence, rien terminer en ce qui concerne l'organisation de cette dernière instruction, qui embrassait d'immenses détails. Bientôt les événements politiques firent ajourner et, plus tard, complètement abandonner tout projet de création de nouvelles écoles normales primaires.

Création de nouvelles écoles normales primaires pour les académies de Metz et de Nancy.

VII. Cependant l'exemple donné dans le ressort

de l'académie de Strasbourg ne pouvait manquer, surtout en présence des heureux résultats qu'il avait produits, de trouver des imitateurs.

En 1820, deux nouvelles écoles normales primaires furent créées : l'une à Helfedange, pour l'académie de Metz ; l'autre à Bar-le-Duc, pour l'académie de Nancy.

Nouveaux obstacles qui s'opposent à la création d'écoles normales primaires.

VIII. L'Université ayant été dépouillée, peu de temps après, de la surveillance qu'elle exerçait sur l'instruction primaire, toute tentative pour la fondation de nouvelles écoles normales primaires fut suspendue. D'honorables citoyens, des associations persévérantes, travaillèrent encore, soit à multiplier, soit à perfectionner les écoles primaires. A Paris, la société pour l'enseignement élémentaire forma un établissement spécialement destiné à propager la méthode de l'enseignement mutuel. Mais les écoles normales étaient des établissements trop consirables et d'une exécution trop difficile pour surmonter les méfiances et la mauvaise volonté du pouvoir.

L'instruction primaire est replacée dans les attributions de l'Université.

IX. L'ordonnance du 21 avril 1828 ayant rendu à l'Université les attributions dont elle avait été dépouillée à l'égard des écoles primaires, une nouvelle impulsion fut donnée à l'établissement des écoles normales primaires. Un appel sincère fut adressé au zèle de l'administration civile, des sociétés philanthropiques et de tous les bons citoyens. Des propositions furent présentées aux conseils généraux des départements, et bientôt de nouvelles écoles normales primaires furent organisées.

Fondation de nouvelles écoles normales primaires.

X. L'autorité, secondée dans cette entreprise par une association locale d'honorables citoyens, fonda, en 1828, la quatrième école normale primaire à Mirecourt, pour le département des Vosges.

Une école pour les jeunes gens qui se destinaient à l'enseignement primaire dans le département de la Meurthe et pour les instituteurs déjà en fonctions, mais n'ayant que des connaissances insuffisantes ou une méthode défectueuse, fut annexée au collége de Toul.

Des cours d'instruction normale furent pareillement établis au collége de Charleville, pour le département des Ardennes.

Une école normale, à pensionnat, fut créée à Dijon pour le département de la Côte-d'Or.

Les villes d'Orléans et de Bourges furent dotées d'un établissement de même nature, destiné à fournir des instituteurs aux départements du Loiret et du Cher.

Le projet d'une école normale que dirigeraient des frères des écoles chrétiennes, conçu à Rouen depuis plusieurs années, reçut enfin son exécution.

Des membres d'une autre association, voués à l'instruction primaire, furent autorisés à former des écoles normales primaires : l'une à Saint-Remy, dans le département de la Haute-Saône; l'autre à Courte-Fontaine, dans le département du Jura.

Un vote du conseil général du Cantal fut mis à profit pour l'érection d'un pensionnat normal à Salers.

Enfin la Corse obtint la fondation d'une école normale à Ajaccio.

Outre ces écoles, quelques essais locaux du même genre furent tentés à Pontoise et à Étampes (Seine-et-Oise), à Chartres (Eure-et-Loir), et à Mende (Lozère).

Obstacles qui, pour la troisième fois, retardent l'établissement des écoles normales primaires.

XI. Le nombre des écoles normales primaires s'était rapidement élevé de trois à quatorze, lorsque le ministère du 8 août 1829 vint suspendre encore une fois le développement de l'instruction primaire et la création de nouvelles écoles normales. Mais ce temps d'arrêt devait avoir un terme. La révolution de juillet 1830 commença, pour l'instruction populaire, une troisième époque plus féconde que toutes les autres en résultats accomplis.

Augmentation rapide du nombre des écoles normales après la révolution de juillet 1830.

XII. Dans les trois années qui suivirent cette révolution, le nombre des écoles normales primaires s'augmenta rapidement sur tous les points de la France. Il s'élevait à quarante-sept au moment de la promulgation de la loi du 28 juin 1833, sur l'instruction primaire, et dès lors le gouvernement se trouva en mesure d'organiser, sur tous les points de la France, des moyens de pourvoir au renouvellement continuel des instituteurs, de donner des maîtres aux communes qui n'avaient pas encore d'école, et de ne confier qu'à des hommes exercés et sûrs le précieux dépôt de l'éducation populaire.

TITRE PREMIER.

DE L'ÉTABLISSEMENT DES ÉCOLES NORMALES PRIMAIRES.

Obligation pour les départements d'entretenir une École normale primaire.

1. Tout département est tenu d'entretenir une école normale primaire, soit par lui-même, soit en se réunissant à un ou plusieurs départements voisins.

Délibération des Conseils généraux pour demander la réunion.

2. Lorsque deux ou plusieurs départements veulent se réunir pour l'entretien en commun d'une école normale primaire, les conseils généraux doivent prendre une délibération pour demander cette réunion.

Autorisation de la réunion par ordonnance royale.

3. Copie de la délibération prise à cet égard par les conseils généraux est immédiatement adressée au ministre de l'instruction publique, par chacun des préfets, avec son avis.

La réunion est ensuite autorisée, s'il y a lieu, par ordonnance royale rendue sur le rapport du ministre

Obligation qu'imposent aux départements l'établissement et l'entretien
des Écoles normales primaires.

Bâtiments et entretien des bâtiments.

4. Le département doit fournir, pour l'établisse-ment de l'école normale primaire, un local convenablement disposé.

Il est à désirer que ce local soit une propriété départementale, afin qu'on puisse l'approprier parfaitement à sa destination, et que les dépenses que le département aurait faites pour cet objet ne se trouvent pas perdues pour lui, dans le cas où on serait obligé de transférer l'école dans un autre local.

Les frais d'entretien et de conservation des bâtiments de l'école normale sont à la charge du département.

Mobilier et matériel de classe.

5. Le mobilier de l'école normale, tel que la literie, les ustensiles de cuisine et tous les autres objets nécessaires pour compléter l'ameublement des dortoirs et du réfectoire, doivent être fournis par le département.

Il doit fournir, en outre, tout le matériel de classe, tel que les bancs et tables, ainsi que les instruments d'arpentage, les cartes et globes géographiques, les ustensiles et les substances pour les manipulations chimiques.

Les frais d'entretien et de renouvellement de ce mobilier et de ce matériel de classe sont aussi à la charge du département.

Fournitures à faire aux élèves-maîtres boursiers.

6. Pour faciliter l'accès de l'école normale aux jeunes gens qui veulent se livrer à l'état peu lucratif d'instituteur primaire dans les communes rurales, tous les objets d'enseignement, tels que les livres pour l'usage journalier des élèves, les instruments de dessin et de mathématiques les plus indispensables, le papier, les plumes, l'encre, etc., doivent être fournis gratuitement aux élèves-maîtres boursiers aux frais du département.

Bibliothèque.

7. Une bibliothèque à l'usage des élèves-maîtres est placée dans les bâtiments de l'école normale aux frais du département. Elle doit contenir les ouvrages jugés utiles à l'instruction des élèves-maîtres, ou, en général, à l'enseignement primaire.

Cabinet de physique, laboratoire de chimie, modèles de mécanique et d'instruments aratoires, collections d'histoire naturelle, etc.

8. Le département doit aussi pourvoir à ce que l'école normale possède les instruments de physique, les ustensiles de chimie, les modèles de mécanique et d'instruments aratoires, les collections de minéralogie, de botanique et de zoologie nécessaires pour donner aux élèves-maîtres des notions des sciences physiques et de l'histoire naturelle, applicables aux usages de la vie.

Traitement du directeur, des maîtres adjoints, des surveillants, etc.

9. Les traitements du directeur, des maîtres adjoints, des maîtres d'étude, répétiteurs ou surveillants, sont, ainsi que les gages du portier, à la charge du département.

Menues dépenses et frais d'administration de l'école normale.

10. Le département doit, en outre, acquitter tous les menus frais d'impressions, de bureau et autres auxquels peut donner lieu l'administration de l'école normale primaire.

Création et entretien de bourses départementales.

11. Pour satisfaire complètement à toutes les obligations que lui impose la loi relativement à l'entretien de l'école normale primaire, le conseil général de chaque département est tenu de créer un certain nombre de bourses ou de portions de bourse en faveur des élèves-maîtres qui fréquenteront cette école.

Circonstances qui doivent être prises en considération dans la fixation
du nombre des bourses.

12. Dans la fixation du nombre des bourses que chaque département doit entretenir à l'école normale, on aura égard à ce que réclament les vacances qui surviennent annuellement dans les écoles et la nécessité de fournir, dans un bref délai, des instituteurs aux communes qui en sont encore dépourvues.

Les inspecteurs des écoles primaires et les recteurs fourniront aux préfets et aux conseils généraux toutes les indications qu'ils auront pu recueillir à ce sujet.

Nombre de boursiers nécessaire à l'effet de remplir les vacances annuelles.

13. Les vacances qui surviennent annuellement parmi les instituteurs communaux sont évaluées à une sur trente. Mais comme ces instituteurs peuvent être pris parmi les personnes qui, sans avoir suivi les cours de l'école normale, remplissent les conditions voulues pour être aptes à diriger une école primaire communale, le nombre des élèves-maîtres doit s'élever, en règle générale, lorsque le cours des études de l'école normale est de deux ans, à peu près au vingtième du nombre total des écoles publiques que les communes doivent entretenir, et au quinzième lorsque la durée des cours est de trois ans.

Ressources mises à la disposition des Conseils généraux pour acquitter les dépenses de leur école normale primaire.

14. Les dépenses des écoles normales primaires doivent être imputées sur le produit des centimes ordinaires et facultatifs départementaux ; en cas d'insuffisance, le conseil général est autorisé à voter une imposition additionnelle, qui doit être autorisée chaque année par la loi des finances, et qui ne peut excéder deux centimes additionnels au principal des quatre contributions directes.

Mesures à prendre dans le cas où un Conseil général n'aurait pas pourvu au payement des dépenses de l'école normale.

15. Si un conseil général ne votait pas l'imposition à laquelle il devrait recourir pour acquitter les dépenses de l'école normale, une ordonnance royale, rendue sur le rapport du ministre de l'instruction publique, prescrirait d'office l'établissement de cette imposition dans la limite fixée par la loi.

Cas où l'État doit concourir au payement des dépenses de l'école normale.

16. Lorsque les revenus ordinaires du département et le produit des centimes dont l'imposition est autorisée par la loi annuelle des finances sont insuffisants pour acquitter les dépenses de l'école normale et les autres dépenses de l'instruction primaire que la loi met à la charge des fonds départementaux, le ministre de l'instruction publique y pourvoit au moyen d'une subvention prélevée sur le crédit qui est porté annuellement au budget de l'état pour l'instruction primaire.

Répartition des dépenses de l'école normale entre les départements réunis pour son entretien.

17. Lorsque deux ou plusieurs départements sont réunis pour entretenir ensemble une école normale primaire, les dépenses de cette école, autres que celle des bourses, sont, à moins de conventions spéciales entre ces départements ou de circonstances particulières, dont le ministre de l'instruction publique reste juge, réparties entre eux : un tiers dans la proportion de la population, un tiers dans la proportion du nombre des communes, et un tiers dans la proportion du montant en principal des quatre contributions directes.

Cette répartition est faite par le ministre de l'instruction publique.

TITRE SECOND.

DE L'ENSEIGNEMENT.

Matières qu'embrasse l'enseignement des écoles normales.

18. L'enseignement des écoles normales primaires comprend :

L'instruction morale et religieuse ;
La lecture ;
L'écriture ;
L'arithmétique, y compris le système légal des poids et mesures ;
Les éléments de la langue française ;
Les éléments de la géométrie et ses applications usuelles, spécialement le dessin linéaire et l'arpentage ;
Des notions des sciences physiques et de l'histoire naturelle applicables aux usages de la vie ;
Des notions pratiques d'agriculture ;
Les éléments de l'histoire et de la géographie, et surtout de l'histoire et de la géographie de la France ;
Le chant ;
La gymnastique ;
Des notions d'administration communale, principalement en ce qui concerne la rédaction des actes de l'état civil et des procès-verbaux, ainsi que la comptabilité ;

Les méthodes d'enseignement et les principes d'éducation.

Durée du cours d'études.

19. Le cours d'études des écoles normales primaires est partagé en deux années.

Néanmoins, sur la demande de la commission de surveillance, le ministre de l'instruction a fixé à trois ans la durée du cours d'études dans quelques écoles normales.

Instruction morale et religieuse.

20. L'instruction morale et religieuse est donnée aux élèves-maîtres des écoles normales primaires, suivant la religion qu'ils professent, par les ministres des divers cultes reconnus par la loi.

Écoles qui reçoivent des élèves de divers cultes.

21. Dans les écoles normales qui reçoivent des élèves de divers cultes, des ministres spéciaux de chaque culte sont chargés de donner l'instruction morale et religieuse aux élèves de leur communion.

Si le nombre des élèves appartenant à un culte autre que celui de la majorité n'est pas assez considérable pour qu'un enseignement religieux à leur usage y soit spécialement institué, le recteur doit veiller à ce que la liberté religieuse de ces élèves-maîtres soit scrupuleusement respectée et à ce que rien ne les empêche de recevoir, d'un ministre de leur communion, l'instruction religieuse dont ils ont besoin.

Dans les écoles normales primaires qui contien nent des élèves de divers cultes, la bibliothèque doit toujours renfermer les ouvrages les plus essen tiels pour l'instruction religieuse des élèves-maî tres des diverses communions.

Programmes pour les diverses branches de l'enseignement.

22. Les programmes des principales branches de l'enseignement donné dans les écoles normales primaires sont dressés par le conseil royal et approuvés par le ministre de l'instruction publique.

Les maîtres chargés de ces cours doivent se conformer exactement à ces programmes.

Arithmétique et système légal des poids et mesures.

23. Les éléments du calcul et le système légal des poids et mesures sont enseignés complètement aux élèves-maîtres des écoles normales primaires durant la première année de leur séjour à l'école.

Programme du cours d'arithmétique.

24. Le cours d'arithmétique est divisé en quatre-vingts leçons, qui sont données, autant qu'il est possible, dans l'ordre suivant :

1re et 2e. Notions sur les grandeurs ; — Leur mesure ; — Unité ; — Nombres abstraits, nombres concrets.

32ᵉ et 33ᵉ. Réduction des fractions ordinaires en décimales.

34ᵉ. Fractions périodiques.

35ᵉ et 36ᵉ. Système métrique décimal.

37ᵉ. Définition du mètre, de l'are, du stère, du litre, du gramme et du franc.

38ᵉ. Nomenclature des multiples et sous-multiples décimaux.

39ᵉ, 40ᵉ et 41ᵉ. Comparaison du poids et du volume d'une quantité d'eau ; — Du poids et de la valeur d'une somme d'argent.

42ᵉ et 43ᵉ. Comparaison du litre avec le mètre cube, avec le décimètre cube, etc. ; — Du mètre carré et de ses divisions avec l'are, etc.

44ᵉ. Un produit ne change pas quand on change l'ordre des facteurs.

45ᵉ. Simplification des fractions.

46ᵉ. Recherche du plus grand diviseur entre deux nombres.

47ᵉ et 48ᵉ. Mesures françaises anciennes (1).—49ᵉ et 50ᵉ Réduction d'un nombre complexe en fractions, soit de l'unité principale, soit de l'une des subdivisions, et réciproquement. — 51ᵉ. Addition des nombres complexes.— 52ᵉ. Soustraction des nombres complexes. — 53ᵉ. Multiplication des nombres complexes. — 54ᵉ. Division des nombres complexes. — 55ᵉ et 56ᵉ. Conversion des mesures anciennes en mesures décimales. — 57ᵉ. Conversion des mesures décimales en mesures anciennes.

____

(1) Une circulaire du 14 avril 1838 interdit l'enseignement des nombres complexes relatifs aux anciennes mesures. Elle prescrit d'enseigner désormais exclusivement le calcul décimal et de ne s'occuper des anciennes mesures que pour démontrer leur conversion en mesures nouvelles, en insistant sur les mesures de surface et de volume.

Il est, en effet, indispensable de connaître les anciennes mesures et le calcul des nombres complexes pour consulter les anciens cadastres, compoix et livres terriers, ainsi que les vieux titres de propriété, et pour faire sur les monnaies, les mesures et les poids étrangers, les calculs que les opérations commerciales peuvent rendre nécessaires.

2.

58ᵉ et 59ᵉ. Rapports et proportions ; — Leur définition ; — Leurs propriétés.

60ᵉ et 61ᵉ. Règle de trois simple.

62ᵉ. Règle de trois composée.

63ᵉ. Règle d'intérêt simple.

64ᵉ. Règle d'intérêt composée.

65ᵉ. Règle d'escompte.

66ᵉ et 67ᵉ. Règle de société.

68ᵉ et 69ᵉ. Des caisses d'épargne et de prévoyance.

70ᵉ. Formation des carrés.

71ᵉ et 72ᵉ. Extraction des racines carrées.

73ᵉ. Formation des cubes.

74ᵉ et 75ᵉ. Extraction des racines cubiques.

76ᵉ et 77ᵉ. Progressions ; — Leurs propriétés principales.

78ᵉ, 79ᵉ et 80ᵉ. Théorie et usage des logarithmes.

Nombre de leçons par semaine.

25. Il y aura deux leçons par semaine, de deux heures chacune, pendant les dix premiers mois de l'année scolaire ; dans l'intervalle entre deux leçons, les élèves consacreront une étude d'une heure au moins à la rédaction de la leçon précédente et à la solution des problèmes donnés.

Exercices de vive voix et au tableau.

26. Le temps qui restera jusqu'aux vacances, après les quarante premières semaines, sera employé, sous la direction des professeurs, à des exercices de vive voix et au tableau sur l'objet des leçons. Tous les élèves devront être interrogés successivement, avec faculté de se reprendre les uns les autres.

Enseignement de l'arithmétique pendant les 2ᵉ et 3ᵉ années du cours.

27. Dans la deuxième, et, s'il y a lieu, dans la troisième année du cours normal, les élèves-maîtres sont exercés à faire des applications usuelles de l'arithmétique, toutes les fois que les leçons de géométrie, d'arpentage, de mesure des surfaces et des solides, et les autres leçons relatives aux éléments des sciences, leur en fournissent l'occasion.

Éléments de la géométrie et ses applications usuelles.

28. Les éléments de la géométrie et ses applications usuelles sont enseignés aux élèves-maîtres des écoles normales primaires dans la seconde année de leur séjour à l'école, et, s'il y a lieu, continuent d'être enseignés dans une troisième année.

Programme de ce cours.

29. Le cours des éléments de géométrie est divisé en soixante leçons, qui sont données, autant qu'il est possible, dans l'ordre suivant :

1ʳᵉ. Notions générales ; — Espaces et corps ; — Surfaces, lignes, points.

2ᵉ. Objets principaux de la géométrie ; la figure et l'étendue, volumes, aires, longueurs.

3ᵉ. Définition de la ligne droite, de la ligne courbe, de la surface plane, de la surface courbe, du cercle.

4ᵉ. Indication d'un procédé pour trouver le rapport de deux droites, de deux arcs d'un même cercle.

5ᵉ. Mesure des lignes droites; — Lignes perpendiculaires et obliques, leur propriété.

6ᵉ et 7ᵉ. Définition des angles en général; — Angles droits, aigus et obtus; — Angles complémen-
taires et supplémentaires.

8ᵉ. Intersection de la ligne droite avec le cercle;
— Propriétés des cordes; — Des sécantes et des tan-
gentes.

9ᵉ. Elever et abaisser une perpendiculaire au
moyen de la règle et du compas; — Partager une
droite, un arc de cercle ou un angle en deux parties égales.

10ᵉ. Théorie des parallèles; — Démonstration de
Bertrand de Genève.

11ᵉ. Propriétés du cercle coupé par deux parallèles.

12ᵉ. Mesure des angles inscrits et circonscrits.

13ᵉ. Divers moyens de mener des parallèles.

14ᵉ. Triangles; — Définition des diverses sortes
de triangles.

15ᵉ. La somme des angles de tout triangle est
égale à deux droits.

16ᵉ. Cas divers d'égalité des triangles.

17ᵉ. Propriétés particulières du triangle isocèle
et du triangle rectangle.

18ᵉ et 19ᵉ. Intersection et contact des cercles.

20ᵉ. Construction des triangles.

21ᵉ. Quadrilatères en général.

22ᵉ et 23ᵉ. Trapèze; — Parallélogramme; —
Losange; — Rectangle; — Carré.

24ᵉ. Polygones; — Leur décomposition en triangles.

25ᵉ. Polygones réguliers en général; faire voir qu'ils sont circonscriptibles au cercle.

26°. Cas particuliers du carré, de l'hexagone et du triangle équilatéral.

27ᵉ. Doubler le nombre des côtés d'un polygone régulier, inscrit et circonscrit.

28ᵉ. Propriétés des droites coupées par des séries de parallèles.

29ᵉ. Quatrièmes proportionnelles; — Similitude des triangles.

30ᵉ. Propriétés du triangle rectangle; — Incommensurabilité de la diagonale et du côté du carré.

31ᵉ. Troisième et moyenne proportionnelle; moyens de les construire.

32ᵉ et 33ᵉ. Construction et usage des échelles.

34ᵉ. Mesure des hauteurs et des distances inaccessibles.

35ᵉ. Similitude de triangles et des polygones en général.

36ᵉ. Similitude des polygones réguliers d'un même nombre de côtés.

37ᵉ. Rapport des circonférences considérées comme des polygones d'une infinité de côtés; — Valeur approchée du rapport de la circonférence au diamètre.

38ᵉ. Mesure des surfaces.

39ᵉ et 40°. Mesure des rectangles et parallélogrammes, triangles, trapèzes et polygones quelconques.

41ᵉ. Rapport des surfaces dans les triangles semblables et, en général, dans les polygones semblables.

42ᵉ. Polygones réguliers et cercle considéré

(24)

comme un polygone régulier d'un nombre infini de
côtés.

43e. Secteurs et segments circulaires.

44e. Propriétés générales des droites perpendiculaires et obliques à un plan.

45e. Des angles dièdres et des plans perpendiculaires entre eux.

46e. Des plans parallèles.

47e. Des angles trièdres et polyèdres.

48e. Polyèdres en général.

49e et 50e. Prisme ; — Parallélipipède ; — Cylindre droit ; — Tétraèdre ; — Pyramide ; — Cône cir-
culaire, droit.

51e et 52e. Sphère ; — Ses propriétés générales ;
Ses grands et ses petits cercles ; — Dénomination de
ses différentes parties.

53e et 54e. Mesure des surfaces cylindriques, co-
niques.

55e et 56e. Volumes des parallélipipèdes, des
prismes et du cylindre.

57e et 58e. Volumes des pyramides et du cône.

59e et 60e. Volume de la sphère et des secteurs
sphériques.

Soins à apporter dans cet enseignement.

30. Les élèves-maîtres sont exercés au manie-
ment de la règle, du compas et de l'échelle, en exi-
geant d'eux la construction de figures choisies
parmi les problèmes du programme. Les données
sont, autant que possible, exprimées en nombres,
et ces nombres, ainsi que les résultats, sont rappor-

tés sur le cahier d'épures que chaque élève doit conserver.

On exerce aussi les élèves aux applications numé-
riques.

Nombre de leçons par semaine.

31. Il y a par semaine deux leçons de géométrie,
de deux heures chacune, pendant les trente premières semaines de l'année scolaire, avec une étude
d'une heure au moins dans l'intervalle des leçons.
Le temps qui reste jusqu'aux vacances est consacré
à des exercices de vive voix et au tableau, sous la direction du professeur.

Dessin linéaire.

32. Les exercices de dessin linéaire à vue doivent toujours précéder les exercices de dessin linéaire à la règle et au compas.

Notions des sciences physiques applicables aux usages de la vie.

33. L'enseignement des notions des sciences physiques applicables aux usages de la vie est strictement borné aux notions élémentaires les plus usuelles sur la physique, la chimie et les machines. Il ne
doit être ni trop élevé, ni trop scientifique. Son
unique objet doit être de communiquer aux futurs
instituteurs les modestes connaissances dont ils pourront faire l'application la plus utile dans les écoles
primaires dont la direction leur sera confiée.

Programme de ce cours.

34. Cet enseignement est donné d'après le programme suivant :

NOTIONS DE CHIMIE LES PLUS IMMÉDIATEMENT UTILES.

I. AIR ATMOSPHÉRIQUE.

1re *Leçon*. — Principe de l'air, propriétés principales des éléments qu'il contient : l'oxigène, l'azote. — Décomposition et recomposition de l'air.

2e *Leçon*. — Action de l'oxigène et de l'air sur les corps combustibles, et en particulier sur l'hydrogène, le charbon, le phosphore, le soufre et les principaux métaux. — Formation de la rouille dont se couvre le fer à l'aide de l'humidité. — Moyen de la prévenir. — Danger que présentent les vases en cuivre, zinc, plomb. — Vert-de-gris ; causes de sa production. — Etamage ; son utilité. — Faire voir que l'or et l'argent doivent en partie leur prix à ce qu'ils ne s'oxident pas.

3e *Leçon*. — Combustion. — Moyens propres à la favoriser. — Construction des cheminées, des fours. — Quantité de chaleur que donnent les cheminées et les poêles.

4e *Leçon*. — Action de l'air sur le sang. — Principaux phénomènes de la respiration, de la circulation. — Démontrer que l'air est le seul gaz respirable ; qu'il agit par l'oxigène qu'il con-

tient, et que tous les autres gaz sont méphiti-
ques ou délétères. — Chaleur animale.

II. CHARBON. — HYDROGÈNE CARBONÉ. — ACIDE CARBONIQUE.

5ᵉ *Leçon*. — Charbon. — Son emploi pour désin-
fecter les viandes qui commencent à se putré-
fier. — Filtres à charbon pour purifier les eaux.
— Emploi du charbon pour décolorer le vi-
naigre. — Emploi du charbon pour faire avec
le miel un aussi bon sirop qu'avec le sucre.

6ᵉ *Leçon*. — Hydrogène carboné. — Eclairage. —
Avantage des lampes d'argent. — Moyen d'augmenter l'éclat des flammes. — Présence de
l'hydrogène carboné dans les mines de houille,
et dangers qu'il occasionne. — Lampe de sûreté
des mineurs.

7ᵉ *Leçon*. — Acide carbonique. — Son action sur
l'économie animale. — Dangers que présentent
certaines grottes, les chambres qui contiennent
des fruits ou des fleurs, les cuves où se produit
le vin. — Présence de l'acide carbonique dans
certains puits. — Moyens de purifier les lieux
qui renferment de l'acide carbonique. — De
l'asphyxie par la combustion du charbon ou
par l'acide carbonique — Moyens de la prévenir. — Secours à donner aux asphyxiés.

III. SOUFRE. — ACIDE SULFUREUX. — HYDROGÈNE SULFURÉ.

8ᵉ *Leçon*. — Soufre. — Acide sulfureux. — Son
emploi pour blanchir la soie et pour enlever
les taches de fruits. — Hydrogène sulfuré. —
Son action sur l'économie animale. — Emploi

du chlore contre les asphyxies qui proviennent de l'hydrogène sulfuré. — Météorisation des animaux. — Emploi de l'ammoniaque contre la météorisation.

IV. CHLORE.

9e *Leçon*. — Chlore. — Purification de l'air par le chlore et destruction des miasmes. — Emploi du chlore pour enlever les taches d'encre, de fruits, et en général les taches produites par les matières colorantes, végétales et animales. — Emploi du sel d'oseille pour enlever les taches qui proviennent de substances végétales. — Blanchiment des toiles à la rosée et sur le pré. — Procédé plus expéditif par le chlore.

V. CHAUX. — MORTIER. — PLATRE.

10e *Leçon*. — Pierres à chaux. — Chaux grasse ; chaux hydraulique. — Fabrication de la chaux. — Pourquoi la chaux se délite à l'air, et doit être conservée en vases clos. — Emploi de la chaux dans les constructions. — Mortier ordinaire. — Mortier hydraulique. — Ciment romain.

11e *Leçon*. — Plâtre. — Son emploi dans les constructions. — Son emploi dans l'agriculture. — Fabrication du plâtre.

VI. EAU.

12e *Leçon*. — Des diverses qualités d'eaux. — Eaux potables. — Moyens de reconnaître les meilleures eaux potables. — Eaux impropres à la cuisson des légumes. — Eaux impropres au

20⁴ *Leçon*. — Nitrification des terres. — Moyen de se mettre à l'abri de l'humidité des murs. — Utiliser les matières animales et les cendres pour faire du salpêtre.

NOTIONS ÉLÉMENTAIRES DE PHYSIQUE.

I. DE L'AIR.

1ʳᵉ *Leçon*. — Pesanteur de l'air et pression qu'il exerce sur les corps dans tous les sens. — Ascension des liquides dans les tubes lorsqu'on aspire l'air de ces tubes. — Suspension de l'eau dans les éprouvettes renversées sur l'eau. — Seringues. — Construction et usage du baromètre.

2ᵉ *Leçon*. — Pompe foulante. — Pompe aspirante et foulante. — Pompe à incendie. — Machine pneumatique. — Diverses expériences faites avec cette machine. — Machines soufflantes. — Trompes. — Ventilateurs à force centrifuge. — Siphon.

II. DES LIQUIDES.

3ᵉ *Leçon*. — Pression des liquides pesant sur le fond des vases, sur les parois latérales, et de bas en haut. — Rupture d'un tonneau par la pression d'un filet d'eau. — Principe de la presse hydraulique. — Tourniquet hydraulique.

4ᵉ *Leçon*. — Principe d'Archimède. — Équilibre des corps flottants. — Densité des corps. — Usages divers des tables de densité. — Cause de l'élévation des aérostats et des vapeurs.

III. DE LA CHALEUR.

5ᵉ *Leçon*. — Dilatation et contraction des corps par les variations de température. — Applications diverses de cette propriété. — Tirage des cheminées. — Leur construction. — Construction et usage du thermomètre.

6ᵉ *Leçon*. — Passage des corps par les trois états. — Expansion de l'eau lorsqu'elle gèle. — Pierres gelives. — Effet de la gelée sur les arbres. — Elasticité des vapeurs. — Froid produit par l'évaporation. — Applications diverses.

7ᵉ *Leçon*. — Des divers degrés d'humidité de l'air. — Brouillard. — Pluie. — Neige. — Verglas. — Serein.

8ᵉ *Leçon*. — Pouvoirs émissifs, absorbants, réflecteurs et conducteurs des corps pour la chaleur. — Usage des fourrures, des couleurs dans les vêtements, des doubles fenêtres. — Vases propres à conserver les liqueurs chaudes. — Procédé pour hâter la fusion de la neige. — Rosée, Givre. — Lune rousse. — Procédés pour éviter, dans certaines circonstances, les effets du rayonnement nocturne.

IV. DU MAGNÉTISME.

9ᵉ *Leçon*. — Principales propriétés des aimants. — De la boussole et de ses usages.

IV. DE L'ÉLECTRICITÉ.

10ᵉ *Leçon*. — Principales propriétés des corps électrisés. — Du choc en retour. — De la bouteille de Leyde et des batteries électriques.

11e *Leçon*. — De l'électricité atmosphérique. — De la foudre. — Du pouvoir des pointes. — Para-tonnerres. — Dangers présentés par les arbres pendant le temps orageux.

NOTIONS ÉLÉMENTAIRES SUR LES MACHINES.

I. INERTIE DE LA MATIÈRE.

1re *Leçon*. — Application familière du principe de l'inertie. — Effet produit sur les corps trans-portés par une voiture, lorsqu'elle s'arrête brus-quement. — Dangers qu'il y a à s'élancer hors d'une voiture en mouvement. — Comment, en vertu de l'inertie de la matière, on peut, par une série de petits chocs, imprimer à un corps une très-grande vitesse. — Effets des percus-sions. — Impulsions produites par la combus-tion de la poudre, le débandement d'un arc. — Effets des volants, soit pour produire de grandes percussions, soit pour régulariser l'ac-tion d'une machine. — Composition et décom-position des forces, des mouvements, des per-cusssions. — Parallélogramme des forces. — Résultante d'un nombre quelconque de forces agissant sur un seul point d'un corps. — Ex-tension de ces principes aux pressions, aux per-cussions et aux mouvements.

2e *Leçon*. — Applications du principe du parallélo-gramme des forces et des vitesses. — Natation. — Vol. — Rames. — Moyen de diriger les ba-teaux en tenant compte de l'action des rames et du courant de la rivière. — Comment la voile d'un vaisseau permet d'utiliser le vent pour aller dans toutes les directions, et même contre le vent au courant des bordées. — Comment on détermine par expérience sa position dans les divers corps. — Applications aux postures et aux mouvements de l'homme et des animaux. — Comment la position du centre de gravité influe sur le degré de stabilité dans l'équilibre des corps. — Application au chargement des voitures.

II. DU LEVIER.

3e *Leçon*. — Principe général du levier. — Des trois espèces de levier. — Instruments relatifs à chacune de ces espèces. — Manière de tenir compte du poids du levier, — Pressions sur les points d'appui. — Balances. — Procédé des doubles pesées. — Romaine. — Peson. — Balance à bascule.

III. DES POULIES.

4e *Leçon*. — Poulie. — Poulie de renvoi. — Poulies mobiles. — Moufles.

IV. DU TREUIL ET DES ROUES DENTÉES.

5e *Leçon*. — Treuil. — Cabestan. — Manivelles. — Roues à augets et à palettes. — Roues à cliquet. — Fusées. — Treuils composés. — Grues. — Chèvres. — Roues dentées. — Cric. — Dents de chasse. — Echappement à balancier. — Mécanisme des montres et des horloges.

Chant.

35. L'enseignement du chant embrasse le RHYTHME ou la *mesure musicale* et ses divisions, l'INTONATION, la TONALITÉ ou la construction des *tons* et des *modes* de la musique, l'ÉCRITURE MUSICALE et le PLAIN-CHANT.

Les élèves sont, en outre, exercés à chanter à livre ouvert des morceaux de musique et de plain-chant.

Programme de ce cours.

56. L'enseignement du chant doit être donné de manière à mettre les élèves-maîtres à même de répondre aux questions comprises dans le programme suivant :

PREMIÈRE PARTIE.

ENSEIGNEMENT A DONNER AUX ÉLÈVES-MAITRES QUI NE VEULENT PRENDRE QUE LE BREVET DE CAPACITÉ POUR L'INSTRUCTION PRIMAIRE ÉLÉMENTAIRE.

ENSEIGNEMENT THÉORIQUE ET EXERCICE D'APPLICATION.

---

§ er.

Questions et exercices sur le RHYTHME, *ou la mesure musicale et ses divisions ; et sur les parties de l'enseignement élémentaire qui s'y rapportent.*

1° Quels sont, dans la musique écrite, les signes de la *durée* et de l'*interruption* des sons ? — Nommez et écrivez les figures des *notes* et des *silences* dans leur ordre de durée décroissante et relative (1)

---

(1) Tableau 2 et tableau 11 de la méthode de M. B. Wilhem. (3e édition in-folio ou édition manuelle in-8°).

Pour faciliter la solution des diverses questions contenues dans ce programme, le lecteur consultera avec fruit les traités de musique de MM. B. Wilhem, Massimino, Stœpel, Quicheral, etc.

Les chiffres placés en note indiquent des renvois aux 1er et 2e Cours de la méthode de M. B. Wilhem (3e édition). — Les

3.

2° Battez la mesure à quatre temps (2) ; — à deux temps (3) ; — à trois temps (4) ; — à un temps (5).

3° Qu'entend-on par le *mouvement* d'un morceau de musique, et combien distingue-t-on de *mouvements principaux* (6)? — Enoncez et écrivez les mots italiens et français qui indiquent les mouvements principaux, et placez à côté quelques-uns des mots qui annoncent des *mouvements intermédiaires* entre chacun de ces mouvements principaux (6).

4° Qu'est-ce qui distingue les *mesures simples*, les *mesures composées* et les *mesures dérivées* (7)?

5° Par quels chiffres ou par quelles lettres indique-t-on les *mesures simples* à quatre temps, à deux temps et à trois temps (7)?

Lorsqu'une mesure *composée* ou *dérivée* est indiquée par une fraction ou par un nombre fractionnaire, comme $\frac{2}{4}$ $\frac{3}{4}$ $\frac{12}{8}$ etc., que signifie chacun de ces chiffres (7)?

6° Énoncez les trois règles d'après lesquelles on peut reconnaître immédiatement à combien de temps il faut battre une mesure quelconque (7).

Faites l'application de ces trois règles aux mesures suivantes :

$$4 \quad 2 \quad 3 \quad \frac{2}{2} \quad \frac{6}{4} \quad \frac{3}{2} \quad \frac{2}{4} \quad \frac{6}{8} \quad \frac{3}{4} \quad \frac{3}{8} \quad \frac{12}{2}, \text{ etc. } (7).$$

7° Quelle différence fractionnaire existe-t-il entre

---

renvois imprimés entre deux crochets [ ] se rapportent aux tableaux du deuxième cours (tableaux 43 à 73), dont les développements ne sont demandés que pour l'*instruction primaire supérieure.*

(2) Tabl. 4.
(3) Tabl. 3r.
(4) Tabl. 33.

(5) Tabl. 6r—A.
(6) Tabl. 9.
(7) Tabl. 35.

les six croches du 6/8 et les six croches *triolets* du 2/4 (8) ?

8° Quelle différence rhythmique ou métrique y a-t-il entre les mesures dites à *temps bref C* 2 et 3, ou leurs subdivisions, et les mesures dites à *témps longs :*

$$\frac{12}{8} \quad \frac{6}{8} \quad \frac{9}{8} \quad (9) ?$$

9° Prononcez, en mesure et sans musique écrite, des successions diatoniques de notes groupées symétriquement comme serait la mesure suivante à 4 temps :

| blanche, noîre, noire, | (répétée trois fois en prononçant do, ré, mi, etc. (10). |
| do ré mi | fa, etc. |

ou cette autre mesure :

| Noire, blanche, croche, croche, | (également répétée trois fois (11). |
| do ré mi fa | sol, etc. |

N. B. Les exercices de cette espèce peuvent être fort variés, en formant chacune des mesures de diverses combinaisons des figures de notes ou de silences, comme :

| Noire, blanche, noire, | Blanche, noire et deux croches |
| Blanche avec emploi de la noire pointée, | etc. |

soit à 2 temps (12), soit à 3 temps (13), avec ou sans triolets (14).

10° Faire la *lecture rhythmique* d'un fragment de musique offrant un mélange des diverses valeurs de notes et de silences analysées précédemment (15).

---

(8) Tabl. 39.
(9) Tabl. 37.
(10) Tabl. 5 et 6.
(11) Tabl. 13 à 21.

(12) Tabl. 31.
(13) Tabl. 33.
(14) Tabl. 39.
(15) Tabl. 26 à 41.

§ II.

Questions et Exercices sur l'intonation musicale *et sur les parties de l'Enseignement élémentaire qui s'y rapportent.*

Analyse et intonation des intervalles élémentaires du chant.

1° Qu'est-ce qu'un *son* en général, et qu'est-ce qu'un *son musical* en particulier?

Dites les sept syllabes usitées pour nommer les sons musicaux. — Qu'est-ce que *solfier, vocaliser* et *chanter?* — Qu'est-ce qu'un *intervalle* musical (16)?

Quels sont les deux intervalles élémentaires dont se composent tous les autres intervalles musicaux? — Combien la *gamme diatonique* comprend-elle de *tons* et de *demi-tons?* Quelle est la position respective de ces tons et demi-tons (16)? — Quelle différence caractéristique existe-t-il entre la *gamme chromatique* et la gamme diatonique (17)?

2° Tracez une *portée,* dessiner les trois *clefs,* prouver la nécessité de ces trois clefs pour indiquer la position respective des diverses voix d'hommes, de femmes ou d'enfants, et pour déterminer le degré réel de l'élévation de ces voix dans l'échelle générale des sons musicaux; en un mot, indiquer le *diapason* ou l'étendue naturelle de ces différentes voix (18).

---

(16) Tabl. 1.   (18) Tabl. 3—A.
(17) Tabl. 23.

3° Nommez les *lignes* et les *interlignes* de la portée avec *clef* de *sol*. — Solfiez la gamme diatonique
et l'accord parfait, en touchant les positions des notes, soit sur la portée, soit sur la *main droite*, dont
les cinq doigts seront étendus et placés de manière
à représenter les cinq lignes de la portée (19).

4° Nommez successivement les intervalles de *seconde*, de *tierce*, etc., et dites quelles sont, sur la
portée, les positions respectives de deux notes qui
forment une *seconde*, une *tierce*, etc. (20).

5° Qu'entend-on par *progression* en parlant d'intervalles musicaux (21)? — Solfier sur une portée
sans notes, ou sur la main, tout ou partie d'une
progression de *seconde*, de *tierce*, etc. (22). Solfier,
à vue ou de mémoire, une progression quelconque
en mesure à 4 temps, avec valeurs symétriques de
de 2 blanches ou d'une blanche et de 2 noires, etc.,
dans chaque mesure (22).

6° Quelle différence d'élévation y a-t-il entre le
majeur et le *mineur* d'un même intervalle (23)?

7° Nommez et écrivez en notes naturelles, ou en
notes bémolisées ou diésées, deux sons qui forment
une *seconde majeure*. — Citez un début de chant
qui soit une seconde majeure, et, au moyen de ce
type d'intervalle, entonnez la seconde majeure d'un
son quelconque (24).

8° Nommez et écrivez en notes naturelles, bémolisées ou diésées, deux sons qui forment une *seconde*

---

(19) Tabl. 3—B, et 7—A.   (22) Tabl. pairs de 8 à 20.
(20) Tabl. pairs de 8 à 28.   (23) Tabl. 23—B, et 28.
21) Tabl. 8.   (24) Tabl. 23—B.

mineure. — Citez un début de chant qui soit une seconde mineure, et, au moyen de ce type d'intervalle, entonnez la seconde mineure d'un son quelconque (25).

9° Solfiez, à vue ou de mémoire, un chant ou un fragment de chant qui offre des successions de *secondes* (26).

10° Combien la *tierce majeure* comprend-elle de tons (27)? — Quelles sont les trois seules notes de la gamme dont la tierce est majeure (27)? Nommez et écrivez deux notes qui forment une *tierce majeure*. — Citez un début de chant qui soit une tierce majeure, et, au moyen de ce type d'intervalle, entonnez la tierce majeure d'un son quelconque (28).

11° Combien la *tierce mineure* comprend-elle de tons et de demi-tons? — Nommez et écrivez deux sons qui forment une tierce mineure. — Citez un début de chant qui soit une *tierce mineure*, et entonnez ensuite la tierce mineure d'un son quelconque (28).

12° Solfiez, à vue ou de mémoire, un chant ou un fragment de chant qui offre des successions de *tierces* (29).

Adresser des questions semblables sur les variétés de *quartes* (30), de *quintes* (31), de *sixtes* (32), de *septièmes* (33), et d'*octaves* (34).

---

(25) Tabl. 23 — B.
(26) Tabl. 9, 23 — B, 26, 27; [et 43.]
(27) Tabl. 28.
(28) Tabl. 28; [et 44.]
(29) Tabl. 11, 28 à 29; [et 44 à 45.]
(30) Tabl. 13, 30 à 31; [et 46 à 48.]
(31) Tabl. 15, 32 à 35; [et 49 à 50.]
(32) Tabl. 17, 36 à 38; [et 52 à 59.]
(33) Tabl. 19 et 39; [et 60 à 67.]
(34) Tabl. 21, 40 à 41; [68 à 70.]

Lecture courante musicale et exécution vocale.

13° Qu'est-ce que la *mélodie*, et qu'est-ce que l'*harmonie* (35)?

14° Qu'appelle-t-on *choristes?* — Qu'est-ce qu'un *chef d'attaque?* — Quel est le chanteur que l'on nomme *coryphée* (35)?

15° Par quels mots et par quels signes indique-t-on sur la copie ou sur la gravure les principales nuances de goût et d'expression (36)?

16° Tracez et, dites la signification de certains signes usuels de l'écriture musicale, tels que *reprises, renvois, da capo, guidons, point d'arrêt* et *point d'orgue* (37).

17° Qu'est-ce que *filer* un son? — Qu'entend-on par *attaquer* un son, et comment faut-il l'attaquer (38)?

18° Par rapport au degré d'intensité à donner aux sons, quelle est la règle la plus générale de la bonne exécution vocale? — Quels sont les avis à donner relativement à la position de la tête, à l'ouverture de la bouche, à l'aspect de la face et au maintien de l'exécutant (39)?

19° En quoi la bonne *prononciation* consiste-t-elle? — Qu'est-ce que l'*articulation*, et comment doit-on articuler en raison du lieu où l'on chante (40)?

---

(35) Tabl. 7—A.
(36) Tabl. 4.
(37) Tabl. 8.
(38) Tabl. 7—B.
(39) Tabl. 7—B.
(40) Tabl. 11.

20° Qu'est qu'une note *syncopée,* et comment reconnaît-on la syncope (41)?

21° Qu'est-ce que des notes *coulées ?* Quelle est la règle d'exécution de ces notes? Donnez-en un exemple (42).

22° Qu'est-ce que le *détaché* ou *staccato?* Quelles sont les deux manières dont le staccato est indiqué? Donnez un exemple de l'exécution propre à chacune de ces deux manières (42).

23° En quoi le port-de-voix ou *portamento* consiste-t-il, et quand peut-on le pratiquer? — Quelle différence d'exécution doit-on apporter entre le *portamento* ascendant et le *portamento* descendant? Est-il de bon goût d'employer sans réserve le port-de-voix (43)?

24° Qu'est-ce que l'*appoggiatura?* Quelles sont les règles de son exécution? Donnez un exemple de son emploi dans le chant (44).

25° Quelle différence d'exécution faut-il observer entre la *petite note* employée pour le port-de-voix ou pour *l'appoggiatura* (45)?

§ III.

Questions et Exercices sur la TONALITÉ *ou la constitution des tons et des modes de la musique, et sur les signes qui s'y rapportent.*

Dièse, Bémol, Bécarre.

1° Quel est, dans l'écriture musicale, l'effet des

(41) Tabl. 26, [et 49.]
(42) Tabl. 27.
(43) Tabl. 30.

(44) Tabl. [38 et 52.]
(45) Tabl. 38.

signes : *dièse, double dièse, bémol , double bémol et bécarre ?* — Tracez ces signes (46).

2º Qu'entend-on par notes *diésées, bémolisées* et *naturelles ?* — Dans le passage chromatique *ut , ut-dièse, ré*, l'*ut*-dièse est-il plus près du *ré* que de l'*ut?* — Et dans le passage *ré, ré-bémol , ut*, le *ré*-bémol est-il plus près de l'*ut* que du *ré*-naturel (47) ?

Tonique et Ton. — Dièses et Bémols constitutifs ou accidentels. —
Transposition.

3º Quelle note appelle-t-on la *tonique* dans une gamme ou dans un chant composé avec les notes de cette gamme?— Pourquoi dit-on qu'un morceau de musique est en *ut*, en *fa* , en *ré* (48)?

4º Solfiez la gamme d'*ut* et dites un chant qui soit tiré de cette gamme. — Solfiez la gamme de *fa* et transposez ce même chant en *fa* (48).

5º Qu'est-ce que des *dièses* ou des *bémols con-stitutifs,* et où les place-t-on dans la musique écrite? — Qu'est-ce que *armer* une *clef,* et comment les si-gnes de l'*armure* agissent-ils sur les notes de la pièce de musique (48)?

6º Qu'est-ce que des dièses ou des bémols *acci-dentels,* et quel en est l'effet momentané (48)?

Ordre générateur des Dièses et des Bémols constitutifs.

7º Dans quel ordre *générateur* et diffèrent les

---

(46) Tabl. 23.   (48) Tabl. 24.
(47) Tabl. 23—A, [et 67—A.)

dièses et les bémols constitutifs se présentent-ils à la clef (48) ?

8º Nommez les dièses constitutifs dans leur ordre générateur *fa ut sol, etc.* Nommez également les bémols constitutifs dans leur ordre générateur *si mi la, etc.* (48).

9º Écrivez plusieurs gammes en les disposant perpendiculairement les unes sous les autres de manière à prouver la nécessité des dièses ou des bémols constitutifs pour qu'elles soient toutes identiques avec leur type général :

$$\text{ut} \overset{1 \text{ ton}}{-\!\!-} \text{ré} \overset{1}{-\!\!-} \text{mi} \overset{1/2}{-} \text{fa} \overset{1}{-\!\!-} \text{sol} \overset{1}{-\!\!-} \text{la} \overset{1}{-\!\!-} \text{si} \overset{1/2}{-} \text{ut} \quad (48).$$

$$\text{ou} \quad 1 \qquad 2 \qquad 3 \qquad 4 \qquad 5 \qquad 6 \qquad 7 \quad 8$$

Notes tonales et notes modales. Mode majeur et mode mineur. Variantes de la gamme en mode mineur.

10º Quelles sont, dans une gamme, les trois notes dites *tonales* et invariables parce qu'elles déterminent le *ton?* — Quelles sont les trois notes dites *modales* et variables parce qu'elles caractérisent le *mode* (49)?

11º Qu'est-ce qui caractérise le *mode majeur* ou *mineur* d'un ton quelconque (49)?

12º Écrivez la gamme ascendante et descendante en *mode mineur* et dites, au fur et à mesure, pourquoi telle note sera invariable et pourquoi telle autre sera variable? — Solfiez la gamme mineure en faisant entendre ses variantes pour les notes 3, 6 et 7 (49).

---

(48) Tabl. 24.　　　　　　(49) Tabl. 25—A.

Différence d'armure entre le majeur et le mineur d'un même ton.

13° En quoi consiste la *différence d'armure* du majeur au mineur d'un même ton (49)?

14° Quand il n'y a qu'un dièse pour le mode majeur, qu'y a-t-il pour le mode mineur? — Quand il y a deux dièses au majeur, qu'y a-t-il au mineur, etc. (49)?

Tons et modes relatifs.

15° Qu'est-ce que des *modes relatifs* et donnez plusieurs exemples de ces modes (50)?

16° Quel est l'intervalle qui sépare les toniques de deux tons et modes *relatifs* (50)?

Tons et modes déterminés par l'armure de la clef, et par la note finale de la mélodie ou de la basse d'accompagnement.

17° Le dernier dièse d'une gamme majeure étant la 7ᵉ note de cette gamme, quel est le *ton*, mode majeur, quand la clef est armée d'une dièse, de 2 dièses, de 3 dièses, etc. (50)?

18° Le dernier bémol d'une gamme majeure étant la 4ᵉ note de cette gamme, ou, ce qui est la même chose, la tonique étant l'avant-dernier bémol d'un *ton* qui a plus d'un bémol à la clef, quel est le *ton*, mode majeur, quand la clef est armée d'un bémol, de 2 bémols, de 3 bémols, etc. (50)?

19° Les deux *tons* ou *modes relatifs* ayant la même armure, quelle est la note qui, dans les pre-

---

(49) Tabl. 25—A.   (50) Tabl. 25—B.

mières mesures , peut annoncer le *mode mineur* (5o)?

20° Tracez une portée ; armez la clef d'un certain nombre de dièses ou de bémols, et dites dans quels cas le ton pourra être en *majeur* ou en *mineur* avec cette armure (5o).

21° Quelle est la règle générale qui peut servir à faire connaître le *ton* et le *mode* d'un morceau de musique, d'après la *note finale* de la mélodie ou de la basse d'accompagnement (5o) ?

Armure de la clef déterminée par le choix du ton et du mode.

22° Quels sont les *dièses* ou les *bémols constitu-tifs* en *ré* majeur, en *si* mineur, en *mi bémol* majeur, en *fa* mineur, etc. (5o) ?

Tons et modes enharmoniques.

23° Qu'est-ce qu'une *transition enharmonique ?* Nommez deux notes enharmoniques. Combien y a-t-il de dièses en *ut dièse* majeur, et combien de bémols dans le ton enharmonique, *ré bémol* majeur? Quel est le total des signes de l'armure de deux tons enharmoniques comme *ut dièse* et *ré bémol ?* Donnez d'autres exemples du même total (51).

Tons et modes incertains.

24° Dans quel cas le *ton* et le *mode* d'une mélodie peuvent-ils être *incertains* (52)?

(5o) Tabl. 25—B.   '(52) Tabl. 25—B, [et 56—B.]
(51) Tabl. 25—B, [et tableau 67—A.]

RÉSUMÉ DU PARAGRAPHE III.

25º Tout ce qui vient d'être demandé avec détail dans le § 3 peut être résumé par une série de questions qui s'enchaînent sur les faits de la tonalité, etc.

Quelle est l'armure en *ut majeur ?*

R. Il n'y a pas d'armure ; c'est-à-dire qu'il n'y a ni dièse ni bémol à la clef.

Quelle est l'armure en *ut mineur ?*
R. Trois bémols.

Quel est le *ton relatif* d'ut mineur ?
R. Mi bémol majeur.

Combien y a-t-il de bémols de plus en *mi bémol mineur ?*
R. Trois bémols de plus ; total six.

Quel est le *ton enharmonique* de *mi bémol mineur ?*
R. Ré dièse mineur.

Combien y a-t-il de dièses en *ré dièse mineur ?*
R. Six dièses.

Pourquoi ?
R. 1º parce que *mi bémol* mineur ayant six bémols, et le total des signes de l'armure des *tons enharmoniques* étant douze, il ne peut y avoir que six dièses en *ré dièse mineur* , enharmonique de *mi bémol* mineur ; 2º parce qu'en *ré* naturel majeur, il y a deux dièses, plus sept dièses à ajouter quand la tonique est diésée ; total *neuf dièses en ré dièse majeur*, moins trois dièses pour passer du majeur au

mineur : donc il reste *six dièses seulement pour le mode mineur de ré dièse.*

Quelle est la tonique majeure *relative* de *ré dièse,* mode mineur ?

R. C'est *fa dièse* avec armure de six dièses.

Quelle est l'*armure* en *fa dièse* mineur ?

R. Trois dièses seulement, puisqu'il faut retrancher trois dièses de l'armure du mode majeur.

Quel est le mode majeur qui n'a que trois dièses à la clef ?

R. La majeur.

Quelle est l'armure en *la* mode mineur ?

R. Il n'y a pas d'armure.

Quel est le ton relatif mode majeur?

R. Ut mode majeur, ton d'où nous sommes partis.

§ IV.

ÉCRITURE MUSICALE.

Après les questions et les exercices précédents sur le *rhythme,* l'*intonation* et la *tonalité,* ceux qui restent à faire sur l'étude musicale peuvent s réduire à ce qui suit :

1° Faire copier et transposer dans tel ou tel to trois ou quatre lignes de musique ;

2° Déterminer la valeur des notes et des silence de quelques mesures dictées sans intonations musi cales ;

3º Faire dire le nom des notes vocalisées en mesure, ce qui est une application du précédent examen sur l'intonation des intervalles ;

4º Terminer par la dictée suivie d'un chant simple de quelques mesures.

§ V.

PLAIN-CHANT.

Questions spéciales sur le plain-chant *et sur les signes de la notation de ce chant* (53).

1º Qu'est-ce que le *plain-chant ?*

De combien de lignes la portée du plain-chant est-elle formée ?

2º Tracez les principales *figures de notes* du plain-chant et faites connaître celles qui sont communes au plain-chant et à la musique.

3º Quels sont les autres signes communs à la musique et au plain-chant ?

4º Quelles sont les *deux clefs* dont on se sert dans le plain chant et tracez-les ?

Le *dièse* et le *bémol* sont-ils employés dans le plain-chant ?

6º De quelle manière le plain-chant doit-il être chanté ?

7º Combien y a t-il de *tons* ou *modes* dans le plain-chant ?

8º Quelles sont les deux notes qui font distinguer le *ton* d'une pièce de plain-chant ?

____

(53) Voir *premier cours*, appendice *A* et *B*, et complément du GUIDE de la Méthode, p. 97.

ENSEIGNEMENT PRATIQUE.

En même temps qu'on enseigne aux élèves la partie théorique, on les exerce à *déchiffrer* la musique et le plain-chant. A cet effet on leur fait solfier à vue, à une voix ou en parties, des chants, des solféges ou des chœurs d'une difficulté moyenne, composés par le professeur, ou choisis dans des solféges ou recueils de musique. Pour le plain-chant on prend des exemples dans les *Antiphonaires*, les *Graduels* et autres livres d'*offices notés*.

SECONDE PARTIE[*].

ENSEIGNEMENT A DONNER AUX ÉLÈVES-MAÎTRES QUI VEULENT PRENDRE LE BREVET DE CAPACITÉ DE L'INSTRUCTION PRIMAIRE SUPÉRIEURE.

ENSEIGNEMENT THÉORIQUE ET EXERCICES D'APPLICATION.

Indépendamment des matières qui font l'objet de l'enseignement pour les aspirants au brevet de capacité pour l'instruction élémentaire, ceux des élèves-maîtres qui désireront obtenir le brevet du degré supérieur doivent être aussi à même de satisfaire aux questions suivantes :

---

[*] Cette seconde partie de l'examen renvoie aux tableaux du 2ᵉ Cours.

RHYTHME.

Énoncer toutes les valeurs fractionnaires de notes entre la ronde et la double croche par augmentation progressive d'une seule figure de note, comme une ronde ou deux blanches, ou trois blanches en triolets, ou quatre noires, ou cinq noires pour quatre temps, etc. (54).

Donner des exemples du changement d'accentuation musicale, causé par le déplacement du *scandé* (55).

Battre la mesure à cinq temps et la mesure à un temps, et lire quelques passages écrits avec ces mesures (56).

INTONATION.

En quoi les intervalles *simples* diffèrent-ils des intervalles *composés* ou *multiples* (57)? Dressez une table des variétés d'un même intervalle, comme : SECONDE *diminuée* ou *mineure*, ou *majeure*, ou *augmentée*, etc. (58).

Dire la différence qu'il y a entre la syncope *régulière* et la syncope *brisée*, et donner des exemples.

TONALITÉ.

Quelle fraction de *ton* existe-t-il entre le *demi-ton chromatique ut, ut* dièse et le *demi-ton diatonique ut* dièse, *ré* (59)?

---

(54) Tabl. 54—*A*.
(55) Tabl. 68—*B*.
(56) Tabl. 61—*A*.

(57) Tabl. 70—*A*.
(58) Tabl. 71—*A*.
(59) Tabl. 67—*A*.

Donner quelques développements théoriques sur l'*ordre* générateur des *dièses et des bémols constitutifs* (60).

Faire connaître l'*origine et la génération des sons de la gamme diatonique* (61) ; continuer l'analyse des produits harmoniques des trois notes tonales de chaque *ton* mode majeur, et dévoiler ainsi l'*origine et la génération des sons de la gamme chromatique*, c'est-à-dire de tous les sons qu'il est possible d'employer dans la composition musicale (60).

Composer des gammes majeures par l'emploi des seules notes harmoniques de chacune des trois notes tonales i-iv-v. *Passer du majeur au mineur* de ces gammes en rendant mineures les tierces tonales (61)

Donner des développements et des exemples sur les *tons et modes incertains*, sur les *tons et modes analogues*, sur les *modulations* ordinaires et extraordinaires (62).

ANALYSE MÉLODIQUE DE LA PHRASE MUSIQÜE.

Sous le rapport de la forme mélodique, qu'entend-on en musique par *phrase* et *période* musicale ? Quels sont les éléments constitutifs de la *phrase musicale ?* Qu'est-ce que le *rhythme*, le *dessin*, la *symétrie*, la *répétition*, l'*imitation* et l'*incise* (63)?

Qu'est-ce qui tient lieu de ponctuation dans la phrase musicale ? Qu'entend-on par *prosodier* et *phraser* en chantant (64) ?

---

(60) Tabl. complémentaire i—*B*.   (62) Tabl. 56—*A* et *B*.
(61) Tabl. complémentaire i—*A*.   (63) Tabl. 64—*A*.

ENSEIGNEMENT PRATIQUE.

A l'enseignement pratique affecté au *degré élé-mentaire*, on ajoutera des solféges et des chants d'une exécution plus difficile.

Notions d'histoire et de géographie.

37. L'enseignement des notions d'histoire et de géographie ne doit être donné que d'une manière sommaire et élémentaire. Les élèves doivent retirer de cet enseignement des notions exactes sur l'enchaînement des faits qui ont exercé une influence quelconque sur la destinée des nations, la connaissance de ces faits principaux et les personnages marquants qui y ont pris part; mais il est complètement inutile de les entraîner dans des discussious de détail qu'ils n'auraient pas le temps d'approfondir et dont le résultat serait de rendre obscur pour eux un enseignement qui doit tendre à élever leur esprit en l'éclairant.

Programme de ce cours.

38. L'enseignement de l'histoire sainte, continuée jusqu'à la destruction de Jérusalem, est donné par le maître chargé du cours d'instruction morale et religieuse.

Le cours d'histoire et de géographie est fait d'après le programme suivant :

(

Chapitre Ier. — AFRIQUE.

Égypte. — Temps primitifs. — Invasion des pasteurs. — Sésostris, 1491 avant Jésus-Christ. — Les Pharaons. — Les douze rois, 671. — Domination des Perses, 526-349. — Alexandre et Ptolémée. — Cléopâtre. — Réduction en province romaine, 331-29.

Notions sommaires sur la religion, le gouvernement, la législation, les mœurs et les coutumes, les sciences, les arts et les monuments des Egyptiens.

Carthage. — Sa fondation, 860. — Lutte contre la Sicile, 480. — Lutte contre Rome, 264. — Réduction en province romaine, 146.

Notions sommaires sur la religion, le gouvernement, le commerce et les mœurs des Carthaginois.

Chapitre II. — ASIE.

Etat de l'Asie avant Cyrus. — Les Assyriens, les Mèdes et les Perses. — Histoire des conquêtes de Cyrus, 555-530. — Successeurs de Cyrus. — Division de l'empire des Perses en vingt satrapies, 530-504.

Notions sommaires sur la religion, le gouvernement, les mœurs et les coutumes des Perses.

Phénicie. — Ses principales colonies. — Sidon, Tyr. — Notions sommaires sur la religion, les arts et le commerce des Phéniciens.

Syrie. — Empire des Séleucides, 311. — Démembrement de cet empire. — Réduction en province romaine, 281-64.

Royaume de Pergame, de Bithynie et autres états secondaires formés des débris de l'empire des Perses et des Séleucides. — Ils passent successivement sous la domination des Romains, 223-17.

Chapitre III. — EUROPE.

Section Ire. — *La Grèce et la Macédoine.*

Temps fabuleux. — Pélasges, Hellènes. — Colonies phéniciennes, égyptiennes et phrygiennes.— Commencements de Sparte et d'Athènes.

Temps héroïques. — Siége de Troie. — Révolution en Grèce. — Retour des Héraclides, — Mort de Codrus, 1270-1132.

Sparte, Lycurgue.—Première et deuxième guerre de Messénie.— *Athènes*, Archontes, Dracon, Solon, les Pisistratides, 1132-504.

Etablissement des principales colonies grecques en Asie, en Italie et en Sicile.

Révolte de l'Ionie.—Guerre médique.—Invasion de Xerxès. — Rivalité de Sparte et d'Athènes. — Guerre du Péloponèse, 504-402.

Expéditions des Grecs contre les Perses. — Retraite des Dix-Mille.— Agésilas.— Ligue des principaux peuples de la Grèce et des Perses contre Sparte. — Paix d'Antalcidas. — Puissance de Thèbes, 404-363.

Notions sommaires sur la religion, les jeux publics, les institutions, les mœurs, la philosophie, les lettres , les sciences et les arts chez les Grecs avant et depuis Périclès.

Premiers temps de la *Macédoine*, 799-360.— Philippe II, 360-336. — Alexandre-le-Grand, 336-323. — Partages de l'empire macédonien.— Ambition, rivalité et guerres parmi les successeurs d'Alexandre. — Ligue Achéenne.— Invasion des Gaulois, 323-215.

Affaiblissement de la Grèce et de la Macédoine.— Réduction en province romaine, 215-176.

Section II. — Rome.

Premiers temps de l'Italie et de Rome, 1600-509. — Fondation de Rome, 754. — Rois, intitutions, monuments, 704-509.

République, consulat, dictature, tribunat. — Lutte des plébéiens contre les patriciens. — Loi agraire. — Décemvirat. — Loi des Douze-Tables. Lois sur les dettes. — Admission des plébéiens à toutes les magistratures. — Guerres entre les peuples voisins.— Invasion gauloise.— Conquête successive de l'Italie centrale et méridionale. — Colonies romaines, 509-265.

Premières conquêtes hors de l'Italie, 265-219.

Guerres puniques, première, 294, 240 ;— Deuxième, 219, 201 ; — troisième, destruction de Carthage, 149.

Conquêtes des Romains en Orient, en Occident. — Etat intérieur de Rome.—Décadence des mœurs. —Histoire des Gracques, 133-121.

Premières attaques des Barbares du Nord. —

(57)

Guerre de Jugurtha. — Troubles intérieurs de la république. — Révolte des esclaves. — Guerre sociale. — Guerre contre Mithridate. — Rivalité de Marius et de Sylla, 121-78.

Cicéron, Catilina, César et Pompée. — Premier et deuxième triumvirat. — Antoine, Octave. — Guerres contre les Parthes. — Gouvernement d'Auguste. — NAISSANCE DE JÉSUS-CHRIST, 78-1.

Section III. — *L'Empire romain et l'Église.*

Changements introduits par Auguste dans la constitution-romaine. — Succès et revers des armes romaines, 29 ans avant Jésus-Christ; — 14 ans depuis Jésus-Christ, Tibère, Néron, Titus, Marc-Aurèle, Dioclétien, Constantin. — Persécutions contre l'Eglise. — Progrès de l'Eglise persécutée. — Révolution de l'empire. — Conquêtes et pertes des Romains. — Triomphe de l'Eglise, 14-337. — Successeurs de Constantin. — Julien l'Apostat. — Théodose. — Invasion des Barbares. — Décadence de l'empire. — Hérésie d'Arius. — Hommes illustres de l'Eglise, 337-395.

Notions sommaires sur les lettres, les sciences et les arts chez les Romains, sous la république et sous l'empire.

(Un tableau synchronique rappellera aux élèves-maîtres les principaux événements arrivés aux mêmes époques chez les différents peuples dont parle l'histoire ancienne.)

Schisme de l'église grecque. — Khalifat d'Orient.

(Depuis la fin du quatrième siècle jusqu'au milieu du quinzième.)

Chap. Ier. (Depuis la mort de Théodose-le-Grand jusqu'à l'avénement de Pépin-le-Bref.)

Partage de l'empire à la mort de Théodose-le-Grand. — Invasion des Barbares. — Démembrement des deux empires d'Orient et d'Occident. — Résultats généraux de l'invasion, 395-527. — Règne de Justinien Ier. — Etat de l'empire après ce prince. — Les Lombards. — Héraclius, 527-632.

L'Espagne sous les Visigoths. — La Gaule depuis Clovis. — La Grande-Bretagne envahie par les Anglais. — Formation des principaux états slaves.— Expéditions des Francs en Bourgogne, en Italie, en Espagne, en Germanie. — Maires du palais. — Décadence et chute des Mérovingiens.— Pépin-le-Bref, 507-752.

Mahomet et les trois premiers khalifes.— Ali, les Ommiades, les Abassides, 590-756.

Propagation du christianisme. — Commencement de la puissance temporelle des papes. — Notions sommaires sur les lettres et les arts pendant cette période.

Chap. II. (Depuis l'avénement de Pépin-le-Bref jusqu'à la prise de Constantinople.)

Règne de Pépin-le-Bref. — Fondation, grandeur et décadence de l'empire carlovingien. — Empire germanique. — La féodalité. — Royaume d'Angleterre.— Invasion et conquête normande, 752-1087.

Troubles religieux dans l'empire d'Orient. —

Républiques maritimes de l'Italie. — États slaves et scandinaves, 741-1081.

Lutte du sacerdoce et de l'empire.— Querelle des investitures. — Concordat de Worms.— Guelfes et Gibelins. — Royaume de Naples, — Empire d'Allemagne. — Progrès et rivalités des républiques maritimes.—Persécutions contre les chrétiens d'Orient. — Croisades.—Royaume de Jérusalem.—Royaume de Chypre. — Empire latin de Constantinople. — Gengis-Khan et les Mongols. — Résultats généraux des croisades. — Royaume de Portugal. — Rivalité de la France et de l'Angleterre.— La grande charte anglaise. — Les communes en Angleterre et en France, 1074-1294.

Ligue Helvétique.— Maison impériale de Luxembourg et de Bavière.— Maison d'Autriche.— Translation du saint-siége à Avignon. — Grand schisme d'Occident.— Conciles de Constance et de Bâle. — Maisons souveraines de l'Italie. — République de Toscane. — Rivalité de Venise et de Gênes. — Royaume des Deux-Siciles, 1295-1454.

États généraux en France. — Les députés des communes anglaises au parlement.— Hostilités entre la France et l'Angleterre. — Expulsion des Anglais. — Troubles en Espagne. — Guerres et découvertes des Portugais en Afrique. — États slaves et scandinaves, 1302-1454.

Faiblesse de l'empire grec sous les Paléologues. — Querelles religieuses. — Les Turcs ottomans. — Tamerlan.—Prise de Constantinople par Mahomet II. 1261-1454.

Notions sommaires sur les lettres, les sciences et les arts depuis Charlemagne.

HISTOIRE MODERNE.

(Depuis le milieu du quinzième siècle jusqu'à la révolution française.)

Chap. Ier (Depuis la prise de Constantinople jusqu'à la paix de Westphalie.)

Progrès et conquêtes des Turcs ottomans. — Décadence de la puissance vénitienne. — Les Médicis à Florence. — Les Sforze à Milan. — La Russie. — La Pologne, 1454-1507.

France, Charles VII : —Louis XI.—*Angleterre*, guerres des deux roses. — Les Tudors. — *Ecosse*, les Stuarts.— *Espagne*, troubles intérieurs.—Puissance de la monarchie espagnole. — Découvertes des Portugais et des Espagnols en Amérique, 1479-1518.

Rapports de l'empire avec la Bohême et la Hongrie. — Ligue anséatique. — Ligue helvétique. — Charles VIII et Louis XII en Italie. — Traité de Noyon, 1469-1516.

Le Danemarck et la Suède, 1448-1520. — Rivalité de la France et de la maison d'Autriche.— Origine et progrès du protestantime en Allemagne, en Suisse, en France et en Angleterre. — Concile de Trente. — Etablissement des Jésuites. — Les Stuarts au trône d'Angleterre. — Règne de Charles Ier. — Guerres de religion en France.— Edit de Nantes.— Paix de Vervins, 1515-1598.

Guerre de trente ans. — Espagne et Pays-Bas. — Suède et Danemarck. — Allemagne. — Traité de

Westphalie. — Accroissement de la puissance russe.
— Décadence de la Turquie. — Les Hollandais et
les Anglais aux Indes orientales, 1598-1648.

Notions sommaires sur les lettres, les sciences et
les arts, depuis la prise de Constantinople.

HISTOIRE MODERNE.

Chapitre II. (Depuis la paix de Westphalie jusqu'à la révolution française.)

République et protectorat en Angleterre.—Restauration des Stuarts.—Whigs et tories. —Révolution.
—Guillaume de Nassau. — Guerre de la Fronde en
France. — Guerres et conquêtes de Louis XIV. —
Paix de Ryswick. — La maison de Bragance en Portugal. — Paix des Pyrénées. — Maison de Savoie
en Italie. — Etat de l'empire. — Guerres avec les
Turcs. — Prépondérance de la Suède dans le Nord.
— Agrandissement de la Russie. — Maison d'Autriche. — Colonies espagnoles, anglaises, françaises,
danoises, 1648-1697.

Guerre de la succession d'Espagne. — Dernières
années de Louis XIV. — La maison de Hanovre en
Angleterre. — Pierre-le-Grand et ses successeurs. —
Régence du duc d'Orléans. — Lutte en Pologne.—
Traité de Vienne.— Guerre de la succession d'Au-
triche. — Puissance de la Prusse. — Marie-Thérèse.
— Paix d'Aix-la-Chapelle. — Guerre de sept ans. —
Paix de Paris.— Révolution en Corse, 1689-1768.

Guerres des métropoles à l'occasion des colonies
et contre leurs colonies. — Indépendance des Etats-
Unis d'Amérique. — Amérique méridionale, 1700-
1784.

Progrès de la puissance russe. — Partage de l
Pologne. — Catherine II. — Suède. — Danemarck.
— Guerre des Turcs avec l'Autriche, avec la Russie,
avec la Perse. — Convocation des états généraux en
France, 1725-1789.

Notions sommaires sur les lettres, les sciences et
les arts au dix-septième et au dix-huitième siècle.

HISTOIRE DE FRANCE.

(Depuis le cinquième siècle jusqu'à la fin du dix-huitième.)

Etat de la Gaule à la fin du quatrième siècle. —
Invasion des barbares. — Burgondes, Visigoths et
Francs, 406-481.

Etablissement de la monarchie franque. —
Clovis. — Partages et guerres civiles. — L'Austrasie
et la Neustrie. — Maires du palais. — Chute de la
race des Mérovingiens, 481-752.

Avénement de la seconde race. — Pépin-le-Bref.
— Charlemagne. — Guerres civiles et invasions
étrangères. — Morcellement de l'empire de Charlemagne. — Chute des Carlovingiens. — La féodalité.
— Etat de l'Eglise sous les deux premières races,
752-987.

Avénement de la troisième race. — Hugues-
Capet. — Lutte de la royauté contre la féodalité. —
Origine et progrès des communes de France. —
Philippe-Auguste et saint Louis. — Parlement fixé à
Paris. — Premiers états généraux, 987-1328.

Rivalité de la France et de l'Angleterre. — Le roi

Jean.— Traité de Brétigny. — Guerres civiles.—
Expulsion des Anglais. — Charles VII. — Jeanne
d'Arc. — Progrès du pouvoir royal en France. —
Pragmatique-Sanction de Bourges.— Guerres d'Italie.— François I et Henri II. — Troubles religieux
et politiques.— Henri IV, 1328-1610.

Richelieu. — Mazarin. — Louis XIV, 1610-1715.

Avénement de Louis XV.—Régence du duc d'Orléans.— Ministère du cardinal de Fleury.—Guerres
en Allemagne. — Désordre des finances.—Abolition
de l'ordre des jésuites. — Avénement de Louis XVI.
— Guerre d'Amérique. — Etats généraux. — Révolution française, 1715-1789.

Notions sommaires sur les lettres, les sciences, les
arts et les monuments ; sur la religion et l'administration de la justice ; sur l'agriculture, le commerce
et les colonies ; sur les agrandissements successifs de
la France depuis Clovis.

GÉOGRAPHIE.

La Terre-Sainte et les pays voisins avant l'arrivée
des Hébreux.

L'Asie sous l'empire de Cyrus.

La Grèce et ses principales colonies.

L'empire macédonién.

L'Italie, la Sicile, l'Afrique carthaginoise, la Nu-
midie et l'Espagne, à l'époque de la deuxième
guerre punique.

La Gaule, la Germanie et la Grande-Bretagne au
temps de César.

L'empire romain au moment de l'invasion des
Barbares.

L'empire musulman.— L'empire carlovingien.

Le monde, lors de la prise de Constantinople.— à l'époque de la découverte de l'Amérique. — A l'époque de la révolution française. — A l'époque actuelle.

Division du Cours.

39. L'enseignement de l'histoire et de la géographie doit être divisé comme ci-après, suivant que le cours d'études normal est de deux ou de trois années.

COURS BIENNAL.

Première année.

Histoire et géographie anciennes et du moyen âge.

Deuxième année.

Histoire et géographie modernes, et histoire et géographie de la France.

COURS TRIENNAL.

Première année.

Histoire et géographie anciennes.

Deuxième année.

Histoire et géographie du moyen âge.
Histoire et géographie modernes.

Troisième année.

Histoire et géographie de la France.

Notions pratiques d'agriculture.

40. L'agriculture devient chaque jour l'objet d'un intérêt plus vif, d'une attention plus générale. Il y a des avantages réels à ce que les instituteurs des communes rurales soient en état, non-seulement d'enseigner ce premier de tous les arts, en signalant les perfectionnements nouveaux et les bons résultats qu'ils produisent, mais encore de le faire aimer, d'en inspirer le goût aux enfants qui leur sont confiés. Ils peuvent ainsi remplir la double et belle mission de concourir au bien-être matériel de la population par la fécondation du sol, tout en développant son intelligence et en améliorant les mœurs par l'instruction. Pour mettre les élèves-maîtres à même de répandre cet utile enseignement, on doit leur donner des notions pratiques d'agriculture.

Méthodes d'enseignement et principes d'éducation.

41. Le cours de méthodes d'enseignement et de principes d'éducation est de tous les cours professés à l'école normale celui qui présente le plus d'importance. Les autres cours ont principalement pour objet de perfectionner l'instruction des élèves-maîtres sur les diverses branches de l'enseignement primaire. Celui-ci doit avoir au contraire pour résultat de leur apprendre les méthodes qu'il faut suivre pour enseigner et pour donner de bons principes d'éducation à leurs élèves, ainsi que de leur faire connaître les devoirs et les obligations qu'imposent les fonctions d'instituteur.

Cours pour lesquels il n'existe pas de programme dressé par le Conseil royal.

42. Les maîtres chargés de cours pour lesquels il n'existe pas de programme dressé par le conseil royal rédigent à la fin de chaque année scolaire un programme détaillé de ces cours pour l'année suivante. Ils y indiquent d'une manière distincte l'enseignement qui doit être donné aux élèves de première année et à ceux de deuxième année.

Transmission du projet de programme de ces cours au ministère de l'instruction publique.

43. Les projets de programme de ces cours, après avoir été revus par la commission de surveillance et par le recteur de l'Académie, sont adressés par celui-ci au ministère de l'instruction publique.

Ils doivent y parvenir avant le 15 septembre au plus tard.

Approbation et renvoi de ces programmes.

44. Ces programmes, après avoir été examinés par le conseil royal de l'instruction publique et approuvés par le ministre, forment le programme des cours pour l'annnée suivante.

Deux expéditions en sont renvoyées au recteur assez promptement pour que celle qui est destinée à l'école normale puisse y parvenir avant le premier octobre.

Objet spécial des études des élèves-maîtres durant les six derniers mois du cours normal.

45. Pendant les six derniers mois du cours normal, les élèves-maîtres sont particulièrement exercés à la pratique des meilleures méthodes d'enseignement, soit dans les écoles primaires communales de la ville siége de l'école normale, soit dans les classes primaires que la ville ou le département auraient consenti à annexer à l'école normale.

On forme aussi pendant ces six derniers mois les élèves-maîtres à la rédaction des actes de l'état civil et des procès-verbaux et à la comptabilité communale.

On leur enseigne en outre la greffe et la taille des arbres.

Prolongation à trois ans de la durée du cours des études.

46 Sur la demande de la commission de surveillance, le ministre de l'instruction publique peut fixer à trois années, au lieu de deux, la durée du cours des études des écoles normales primaires.

Travaux des élèves-maîtres pendant la troisième année.

47. Pendant cette troisième année les élèves-maîtres sont spécialement exercés à la pratique de l'enseignement. On leur donne en même temps des notions sur la rédaction des actes de l'état civil et des procès-verbaux, sur la comptabilité communale, ainsi que sur la greffe et sur la taille des arbres qui sont l'objet de l'enseignement des six derniers mois du cours normal dans les écoles où la durée de ce cours n'est que de deux ans.

5.

TITRE TROISIÈME.

DU DIRECTEUR ET DES MAÎTRES QUI LUI SONT ADJOINTS.

CHAPITRE PREMIER.

CHOIX ET NOMINATION DE CES FONCTIONNAIRES ; COURS DONT ILS SONT CHARGÉS.

Fonctionnaires chargés de l'enseignement.

48. L'enseignement des élèves-maîtres des écoles normales primaires est confié à un directeur auquel sont adjoints pour cet objet un ou plusieurs maîtres.

Nomination du directeur.

49. Le directeur est nommé par le ministre de l'instruction publique sur la présentation du préfet du département et du recteur de l'académie.

Nomination des maîtres-adjoints.

50 Les maîtres qu'il est nécessaire d'adjoindre au directeur pour diverses parties de l'enseignement sont choisis par le recteur sur la présentation de la commission spéciale chargée de la surveillance de l'école et sauf l'approbation du ministre de l'instruction publique.

Les maîtres-adjoints doivent se vouer exclusivement à l'école normale.

51. L'intérêt de l'instruction des élèves-maîtres

exige que leurs professeurs se vouent exclusivement à l'école normale, et qu'ils lui donnent tout leur temps.

52. L'emploi des régents de collége, en qualité de maîtres-adjoints, n'est pas sans inconvénients, non seulement parce qu'étant déjà occupés ailleurs ils ne peuvent consacrer que quelques heures par semaine à l'école normale, mais encore parce que l'enseignement qu'ils sont accoutumés à donner dans les colléges est plutôt théorique que pratique, tandis que celui que doivent recevoir les élèves des écoles normales ne saurait être utile et profitable s'il n'était exclusivement pratique.

53. On peut trouver facilement parmi les instituteurs qui ont été formés dans les écoles normales des maîtres qui, possédant à la fois la théorie et la pratique de l'enseignement primaire, pourront travailler eux-mêmes à former d'autres instituteurs.

54. Les maîtres adjoints des écoles normales doivent, en général, être choisis parmi les instituteurs qui se distinguent le plus, tant par leur conduite que par leur capacité et leur aptitude pour l'enseignement. C'est pour les instituteurs un moyen d'avancement et une honorable récompense, dont ils s'efforceront

de se montrer dignes, et dont l'instruction primaire ressentira sans doute d'heureux effets par l'émulation que doit faire naître parmi eux la perspective qui leur est offerte.

Avantages qui en résultent pour les écoles normales.

55. Les écoles normales en recueilleront aussi de grands avantages. Les instituteurs qui y seront appelés, en qualité de maîtres-adjoints, auront leur avenir lié à la bonne tenue, à la prospérité de ces établissements; ils se dévoueront avec zèle, avec ardeur, à l'accomplissement de leur tâche. Sortis des mêmes rangs que leurs élèves, il leur sera peut-être plus facile de se faire comprendre d'eux et de leur donner des notions plus exactes sur la manière de transmettre à leurs élèves l'instruction qu'ils auront reçue, et sur la ligne de conduite qu'ils devront constamment suivre pour conserver cette simplicité et cette pureté de mœurs dont l'instituteur d'une commune rurale doit toujours donner l'exemple aux populations au milieu desquelles il vit.

Désignation par le recteur des instituteurs aptes à être maîtres-adjoints.

56. Les recteurs désignent aux commissions de surveillance, toutes les fois que l'occasion s'en présente, les instituteurs sortis des écoles normales primaires parmi lesquels elles peuvent choisir des maîtres-adjoints.

Le directeur doit être chargé de professer un cours.

57. Le directeur est toujours chargé d'une partie importante du cours d'études.

Nombre de maîtres-adjoints.

58. En général, et sauf de très-rares exceptions, lorsque le cours des études n'est que de deux ans, deux maîtres qui donnent tout leur temps à l'école doivent suffire pour les objets d'enseignement autres que ceux qui exigent un maître spécial.

Objets d'enseignement qui exigent un maître spécial.

59. Les objets d'enseignement qui exigent un maître spécial sont :

L'instruction morale et religieuse, soit pour les catholiques, soit pour les protestants.

L'écriture, lorsque cet enseignement ne peut pas être confié à l'un des maîtres plus particulièrement attachés à l'école ;

Le chant ;

La greffe et la taille des arbres et les notions pratiques d'agriculture ;

La rédaction des actes de l'état civil et des procès-verbaux, les notions de comptabilité communale ;

La gymnastique.

Il suffit d'avoir pour chacun de ces objets d'enseignement un maître spécial, qui donne quelques heures par semaine à l'école, et auquel on accorde une indemnité de 3 à 400 fr. par an.

Répartition des autres objets d'enseignement entre le directeur et le maître-adjoint.

60. Les autres objets d'enseignement peuvent être répartis comme il suit entre le directeur et le maî-

tre exclusivement attaché à l'école qui lui est ad-
joint

Premier maître : Lecture ;

Grammaire française ;

Eléments de l'histoire et de la géographie, et
surtout de l'histoire et de la géographie de la
France ;

Méthodes d'enseignement et principes d'éducation.

Deuxième maître : Arithmétique, y compris le
système légal des poids et mesures ;

Dessin linéaire ;

Eléments de géométrie et ses applications usuelles, l'arpentage, le levé des plans, la mesure des surfaces et des solides ;

Mécanique, définition des machines les plus simples ;

Notions des sciences physiques et de l'histoire naturelle applicables aux usages de la vie.

Cas dans lequel un troisième maître peut être jugé nécessaire.

61. Un troisième maître, exclusivement attaché à
l'école, n'est nécessaire que lorsque le cours des études embrasse trois années, ou lorsque l'école contient plus de cinquante élèves.

CHAPITRE DEUXIÈME.

DEVOIRS DES DIRECTEURS D'ÉCOLE NORMALE.

Importance des devoirs du directeur.

62. Le succès de l'instruction primaire, plus peut-être que de toute autre partie de l'instruction publique, dépend du maître qui la donne. C'est dans les écoles normales que se prépare l'avenir des écoles primaires. Le directeur doit donc apporter le plus grand zèle dans l'accomplissement de ses devoirs.

Il doit veiller à ce que l'enseignement soit renfermé dans les limites du programme.

63. Le directeur doit veiller à ce que les programmes des études soient scrupuleusement observés, et à ce qu'on ne les dépasse pas pour étendre sans mesure et un peu au hasard les objets de l'enseignement.

Il doit consulter les besoins spéciaux du département sous le rapport de l'instruction.

64. Dans la direction qu'il donne à l'enseignement, le directeur doit prendre en considération les circonstances locales. Les limites de l'enseignement ne doivent pas être les mêmes dans les départements qui renferment un grand nombre de villes, qui sont sillonnés par de nombreuses routes royales, où l'industrie manufacturière est très-développée, que dans ceux où la population est disséminée dans des bourgs et des villages plus ou moins considérables et où l'on ne s'occupe que de travaux agricoles.

L'instruction des écoles normales doit être solide et pratique.

65. Néanmoins le directeur ne doit jamais oublier que le but des écoles normales est de former des maîtres d'école, et surtout des maîtres d'école de village : toutes leurs connaissances doivent être solides, pratiques, susceptibles de se transmettre sous la forme d'un enseignement immédiatement utile aux hommes que leur laborieuse condition prive du loisir nécessaire pour la réflexion et pour l'étude.

Dangers d'une instruction vague et superficielle.

66. Le directeur ne doit pas perdre de vue qu'une instruction variée et étendue, mais vague et superficielle, rend presque toujours ceux qui l'ont reçue impropres aux fonctions modestes auxquelles ils sont destinés. Pendant qu'on les occupe de recherches subtiles et presque savantes sur le mécanisme et la philosophie des langues, on ne leur apprend pas à lire avec les inflexions de voix convenables, ou à écrire correctement, et on leur laisse faire des fautes de grammaire ou d'orthographe. Au lieu de leur apprendre à rédiger les actes de l'état civil et de les mettre au courant des principales fonctions des autorités municipales, on prétend leur enseigner le droit civil et administratif. On transforme les simples notions pratiques d'agriculture qu'il est si important de donner aux instituteurs en un véritable cours d'histoire naturelle. Ce sont là des aberrations aussi contraires au vœu de la loi qu'au réel et légitime intérêt des instituteurs et du peuple.

Le directeur doit prévenir cette trop grande extension de l'enseignement si on essayait de l'introduire dans l'école, et la faire cesser si elle y avait déjà pénétré.

Soins particuliers à donner à l'instruction morale et religieuse.

67. L'instruction morale et religieuse doit attirer l'attention particulière du directeur.

Il faut que, par son caractère et ses exemples, il parvienne à obtenir la plus grande autorité dans l'école, afin que les leçons morales qu'il donnera aux élèves soient accueillies avec déférence ; qu'elles agissent sur leurs sentiments et sur leurs dispositions intérieures ; qu'elles suppléent à l'insuffisance de la première éducation, si incomplète et souvent si vicieuse dans l'état de nos mœurs et de nos lumières.

Influence que le directeur doit exercer sur ses élèves.

68. Le directeur ne doit négliger aucun moyen d'exercer une salutaire influence sur ses élèves ; il doit y faire servir les conversations particulières aussi bien que les leçons générales ; ce doit être pour lui une pensée constante, une action de tous les moments. L'instruction qu'il leur donne ne doit pas s'adresser à l'intelligence seule, il faut qu'elle embrasse l'âme toute entière, et qu'elle éveille surtout cette conscience morale qui doit s'élever et se fortifier à mesure que l'esprit se développe.

Soins particuliers à donner à l'instruction religieuse proprement dite.

69. Le directeur doit aussi attacher la plus grande importance à l'instruction religieuse proprement dite. Les instituteurs qui seront appelés à y prendre une part active, dans les écoles primaires, doivent y être bien préparés, et la recevoir eux-mêmes dans les écoles normales, d'une manière solide et efficace.

Soins que réclame l'administration de l'école normale.

70. La tenue et la durée des écoles dépendent essentiellement d'une bonne administration. Le directeur ne saurait donc apporter trop de vigilance dans les soins souvent minutieux que lui impose cette partie de ses devoirs.

Importance d'une bonne gestion des intérêts matériels.

71. La bonne gestion des intérêts matériels est pour le directeur l'un des moyens les plus assurés de se concilier la bienveillance des diverses autorités avec lesquelles il est nécessairement en rapport, et surtout des autorités départementales dont la confiance lui est indispensable.

Nécessité de l'esprit d'ordre pour les directeurs d'école normale.

72. La pureté des intentions ne saurait suppléer à l'esprit d'ordre dans un directeur d'école normale. C'est par là surtout qu'il captive l'estime des pères de famille, et que l'ordre dans les affaires paraît, à juste titre, inséparable des bons principes et de la sagesse de l'enseignement. Le directeur doit donc administrer l'école normale qui lui est confiée avec une régularité qui atteste et garantisse le bon ordre moral auquel elle est soumise.

Différence qui doit exister entre le régime intérieur des écoles normales et celui des colléges.

73. Le régime intérieur des écoles normales doit être essentiellement différent de celui des colléges. On ne doit trouver dans les premiers de ces établissements ni les mêmes uniformes, ni le même nombre de domestiques, ni la même variété d'aliments. Les élèves-maîtres ne doivent pas être exemptés de ces soins matériels qui doivent essentiellement peser sur eux.

Sinon, ils perdraient dans ces établissements les habitudes de simplicité, de frugalité et de travail personnel qui doivent être celles de toute leur vie. On leur créerait des besoins qui plus tard ne seraient point satisfaits, et l'on fomenterait en eux ce dégoût de toute situation modeste, cette soif excessive de bien-être matériel qui tourmente la destinée de l'homme en corrompant son caractère.

Devoirs du directeur dans les écoles où le service des bourses est fait par régie.

74. Dans les écoles où le service des bourses est fait par régie, le directeur doit craindre d'être accusé de ne pas apporter assez d'économie dans les dépenses. Tout homme que ne retient pas la considération de ses dépenses personnelles se laisse aisément induire à porter dans l'administration dont il est chargé une libéralité, un luxe propre à le rehausser lui-même aux yeux du public. La surveillance que le directeur est appelé à exercer sur toutes les dépenses doit donc être très-active et très scrupuleuse. Il doit y maintenir une simplicité sévère.

Devoirs du directeur dans les écoles où il est chargé à forfait du service des bourses.

75. Dans les écoles où le directeur s'est chargé à forfait de la gestion matérielle de l'école, sa position est délicate. Au-dehors comme au-dedans de l'école, auprès du public comme auprès des élèves, il peut encourir quelque soupçon d'intérêt et de trafic; et si, par malheur, quelques actes de lésine viennent convertir en accusations positives ces bruits vagues et irréfléchis, il court le risque de perdre cette considération, cette autorité morale sans lesquelles il ne saurait faire le bien.

Le directeur doit donc écarter avec le plus grand soin toute idée de spéculation. Il faut que rien ne manque, soit à la nourriture des élèves-maîtres, soit à tout le régime de l'établissement; que personne ne puisse élever le moindre doute sur la moralité et sur la bienveillance de l'administration du directeur.

Nécessité d'établir et de maintenir une bonne discipline dans les écoles normales.

76. L'exactitude de la discipline est une condition de rigueur pour procurer à l'enseignement toute son efficacité. Elle ne suffit point sans doute pour donner la moralité ni la science; mais elle seule met

les âmes dans la disposition nécessaire pour les recevoir. La discipline inspire le goût et l'habitude de
l'ordre, dont elle offre le spectacle; elle prépare les
maîtres à maintenir à leur tour la subordination et
la régularité parmi leurs élèves; et c'est en raison de
la vigueur ou du relàchement de la discipline que
la jeunesse puise dans les écoles ou ce mépris de
toute règle qui le rend plus tard rétif au frein des
lois, ou cette déférence pour l'autorité légitime,
qui, dans un état libre, relève la dignité du ci-
toyen.

Soins particuliers qu'exige la discipline lorsque l'école normale est un
externat.

77. Toutes les conditions d'une bonne discipline
sont faciles à obtenir si l'école normale est organisée
en internat. Les difficultés sont plus grandes dans
un externat, et c'est la principale cause de l'infério-
rité de cette seconde classe d'établissements.

Le directeur d'un externat ne doit pas rester
étranger à la conduite des élèves et croire que, les
leçons une fois données dans l'intérieur de la maison, sa tâche est accomplie. Il doit s'appliquer au
contraire à connaître les habitudes, les relations des
élèves au-dehors; il doit se concerter avec les diverses autorités de la ville pour être toujours informé de
tout évènement qui pourrait intéresser leur moralité
ou leur sort. Il doit les visiter quelquefois lui-même
dans leur domicile, ou les faire visiter par les maîtres-adjoints. Par une vigilance et une bienveillance
assidues, il acquerra sur eux, même au dehors de

l'école, une influence salutaire, et il parviendra ainsi
à atténuer les inconvénients de l'externat.

Le directeur d'une école normale doit se dévouer tout entier à la mission
qui lui est confiée.

78. Les fonctions du directeur ne se bornent, ni
aux soins administratifs, ni aux travaux de l'enseignement proprement dit : une mission plus étendue
lui est confiée. Il faut que sa conduite, son caractère, soient dans une constante harmonie avec la tâche
à laquelle il s'est consacré. Tous ses moments sont
en quelque sorte remplis par un même devoir. Il n'y
a, pour ainsi dire, point de vie privée pour lui.
L'État lui demande plus que le tribut de son intelligence et de ses connaissances ; c'est l'homme même,
l'homme tout entier qu'il réclame, qu'il dévoue à
une œuvre sévère de patience, de persévérance et de
vertu.

Le directeur ne saurait par trop de soins et de sa-
crifices, par un dévouement trop absolu, par une
attention trop sévère sur lui-même, seconder le
gouvernement dans ses efforts pour l'amélioration
véritable de la condition du peuple, et pour les progrès de cette raison, de cette moralité publiques,
qui assurent seules le repos et la liberté des nations.

TITRE QUATRIÈME.

—

DE LA COMMISSION DE SURVEILLANCE.

—

Une commission est chargée de la surveillance de l'école normale.

79. Une commission, nommée par le ministre de l'instruction publique, sur la présentation du préfet du département et du recteur de l'Académie, est spécialement chargée de la surveillance de l'école normale primaire sous tous les rapports d'administration, d'enseignement et de discipline.

La commission prend ou propose les mesures qu'elle juge utiles.

80. La commission de surveillance prend ou propose, selon les circonstances, les mesures qu'elle juge utiles pour le bien de l'école et pour le progrès des élèves-maîtres.

Elle fixe annuellement le nombre des boursiers qui doivent être entretenus à l'école.

81. La commission de surveillance détermine chaque année, d'après les besoins présumés de l'instruction primaire, que doit lui faire connaître l'inspecteur des écoles primaires, le nombre des boursiers dont il convient de demander l'entretien à l'école pendant l'année suivante.

Elle visite tous les trois mois l'école.

82. La commission fait, au moins une fois par

trimestre, la visite de l'école ; elle examine les classes, interroge les élèves sur tous les objets de l'enseignement, et tient note de leurs réponses.

Elle consigne ses délibérations sur un registre.

83. La commission tient un registre sur lequel sont transcrites toutes ses délibérations.

Elle fait un règlement pour l'administration intérieure de l'école.

84. La commission de surveillance fait sur tous les objets relatifs à l'administration intérieure, à la discipline et à la gestion économique de l'école, qui n'ont pas été résolus par les décisions ou les instructions ministérielles, un règlement qui, après avoir été examiné par le conseil royal et approuvé par le ministre, devient obligatoire pour les maîtres et les élèves.

Programmes et règlements d'études, rapport sur les études et sur la discipline.

85. Chaque année elle reçoit du directeur le règlement d'études, et lorsqu'il y a lieu, le programme des cours, proposés pour l'année suivante. Elle les transmet au recteur avec ses observations.

Elle reçoit aussi du directeur à la fin de chaque année scolaire un rapport sur tout ce qui concerne les études et la discipline. Elle en envoie des copies au recteur et au préfet en y joignant ses observations.

Attributions de la commission relatives à la discipline et à la gestion économique.

86. La commission exerce aussi sur la discipline

et la gestion économique de l'école normale les attributions qui sont énumérées aux titres septième et
douzième.

Le directeur assiste aux séances de la commission.

87. Le directeur de l'école assiste aux séances de
la commission avec voix délibérative, hors le cas où
il s'agirait de statuer sur des questions intéressant la
personne ou la gestion du directeur.

Les inspecteurs de l'instruction primaire assistent aux séances de la
commission.

88. L'inspecteur et les sous-inspecteurs de l'instruction primaire du département ont le droit d'assister, avec voix consultative, aux délibérations de
la commission de surveillance.

Lorsque deux ou plusieurs départements sont réunis pour l'entretien de l'école, le même droit appartient aux inspecteurs et sous-inspecteurs de tous
les départements qui entretiennent des boursiers à
cette école.

Les comités d'instruction primaire n'ont pas de surveillance à exercer
sur l'école normale.

89. Les comités local et d'arrondissement d'instruction primaire n'ont pas d'inspection à exercer
sur l'école normale primaire. Ils ne peuvent intervenir ni dans le choix des maîtres, ni dans la direction
des études, ni dans l'administration de ces établissements. Ce soin est exclusivement réservé aux
commissions de surveillance.

6.

Ces comités conservent leur droit de surveillance sur les écoles primaires annexées aux écoles normales.

90. Néanmoins si une école primaire est annexée à l'école normale, les comités local et d'arrondissement doivent exercer sur cette école toutes les attributions que leur confère la loi du 28 juin 1833. La commission de surveillance de l'école normale ne peut intervenir que pour s'assurer de la manière dont les élèves-maîtres donnent l'enseignement et de l'aide qu'ils prêtent au directeur de l'école.

TITRE CINQUIÈME.

DES ÉLÈVES-MAÎTRES.

Conditions à remplir pour être admis en qualité d'élève-maître.

91. Nul n'est admis en qualité d'élève-maître dans une école normale primaire s'il ne remplit les conditions suivantes :

1° Être âgé de seize ans au moins et de vingt-cinq ans au plus, au moment de l'admission ;

2° Produire des certificats attestant sa bonne conduite, et, en outre, un certificat du médecin constatant qu'il n'est sujet à aucune infirmité incompatible avec les fonctions d'instituteur, et qu'il a été vacciné ou qu'il a eu la petite vérole ;

3° Prouver par le résultat d'un examen ou d'un concours qu'il sait lire et écrire correctement ;

Qu'il possède les premières notions de la grammaire et du calcul ;

Et qu'il a une connaissance suffisante de la religion qu'il professe.

Forme des certificats de moralité.

92. Le certificat de bonne conduite, qui doit être produit par tout élève-maître en entrant dans une école normale primaire, doit constater que l'impétrant est digne par sa bonne conduite de se livrer à l'enseignement.

Ce certificat doit être délivré, sur l'attestation de trois conseillers municipaux, par le maire de la commune ou de chacune des communes où il aura résidé depuis trois ans.

Exception en faveur des militaires.

93. Les certificats délivrés aux militaires libérés du service, par les conseils d'administration du corps dont ils ont fait partie, peuvent tenir lieu du certificat exigible pour l'admission dans une école normale primaire.

Élèves-maîtres boursiers de l'État.

94. En sus des bourses départementales, il existe dans chaque école normale primaire un certain nombre de bourses ou de portions de bourse que le ministre de l'instruction publique entretient sur les fonds de l'État.

Boursiers des communes et des particuliers.

95. Les communes, les particuliers ou des associations bienfaisantes peuvent aussi fonder des bourses ou des portions de bourse dans les écoles normales primaires.

Élèves-maîtres pensionnaires.

96. Les écoles normales peuvent recevoir des élèves-maîtres pensionnaires qui paient le montant de leur pension.

La condition de l'examen est obligatoire pour les pensionnaires comme pour les boursiers.

97. Les élèves-maîtres qui ne jouissent ni d'une bourse, ni d'une portion de bourse et qui paient pension, ne peuvent être admis à l'école normale, comme les boursiers, qu'après avoir été déclarés admissibles à la suite d'un examen subi devant la commission d'instruction primaire.

Engagement de se vouer pendant dix ans à l'enseignement.

98. Nul n'est admis comme boursier dans une école normale primaire s'il ne prend l'engagement de servir pendant dix ans au moins dans le corps enseignant et dans les fonctions qui lui seront assignées.

Les dix années courent du jour de l'entrée à l'école.

Engagement particulier à prendre par les pensionnaires.

99. Les écoles normales ne devant recevoir que des élèves qui se destinent à l'instruction, les pensionnaires doivent aussi prendre l'engagement de servir pendant dix ans au moins dans l'instruction primaire. Mais ils restent libres d'être instituteurs communaux ou instituteurs privés.

L'autorisation des parents est nécessaire pour les élèves-maîtres mineurs.

100. Les élèves-maîtres en âge de minorité doivent être autorisés par leur père, leur mère, ou leur tuteur, à contracter cet engagement décennal.

Cas dans lequel l'engagement doit être spécial pour un département
ou une localité.

101. L'engagement des boursiers départementaux doit être spécial pour le département qui a payé la totalité ou partie des frais de leur séjour à l'école normale.

L'engagement des boursiers de l'État et des pensionnaires doit être pris sans restriction de lieu.

Les titulaires des bourses fondées par les communes, les particuliers et les associations charitables doivent prendre un engagement conforme aux conditions que les fondateurs ont attachées à la collation de la bourse.

Engagement à prendre pour obtenir l'exemption du service militaire.

102. Les élèves-maîtres des écoles normales qui ont contracté l'engagement décennal sont exempts du service militaire sans avoir besoin de justifier préalablement d'un brevet de capacité. Il suffit que leur engagement énonce formellement qu'ils se vouent pour dix ans au service de l'instruction publique en qualité d'instituteurs communaux.

Époque à laquelle cet engagement doit être pris.

103. Cet engagement doit être contracté avant l'époque déterminée pour le tirage au sort.

Durée de l'engagement.

104. La loi sur le recrutement de l'armée n'ayant

pas fait connaître la durée de l'engagement que devront prendre, pour être exemptés du service militaire, les membres de l'instruction publique, le ministre a décidé, sur l'avis du conseil royal, que cet engagement continuerait à être de dix ans.

Acceptation de cet engagement.

105. Les engagements des élèves-maîtres des écoles normales primaires sont adressés au recteur qui, après les avoir visés, les transmet au ministère. Il faut qu'ils y soient parvenus avant l'époque fixée pour le tirage au sort. Le directeur doit veiller à ce que ces engagements soient envoyés assez promptement au recteur pour que ce délai ne soit pas dépassé.

Ces engagements doivent être acceptés par le ministre en conseil royal de l'instruction publique.

Condition à remplir par les élèves-maîtres pour qu'ils puissent jouir de cette exemption après leur sortie de l'école.

106. Les élèves-maîtres ne peuvent jouir de la dispense du service militaire, après leur sortie de l'école, qu'autant qu'ils ont obtenu le titre d'instituteur communal; ou, s'ils sont d'abord employés comme sous-maîtres, ce doit être avec le consentement formel du recteur, et seulement dans le cas où la nécessité d'un sous-maître pour telle ou telle école est bien et dûment reconnue.

Cas dans lequel cette exemption leur est retirée.

107. Les boursiers qui renoncent à leurs études

avant la fin du cours, ou qui, sortis de l'école, ne remplissent pas l'engagement par eux contracté, de servir pendant dix ans comme instituteurs communaux, deviennent étrangers au service de l'instruction publique, ce qui les replace dans le droit commun quant à l'obligation du service militaire. Ils doivent, en conséquence, s'ils avaient été désignés pour faire partie du contingent militaire, être signalés par le recteur au préfet de leur département.

Engagement relatif au payement de la portion de bourse à la charge des familles ou de la pension.

108. Les élèves-maîtres boursiers qui n'obtiennent que des portions de bourse ne sont admis à l'école normale qu'après avoir déposé entre les mains du directeur un acte par lequel ils s'obligent, ou, s'ils sont mineurs, leurs parents ou tuteurs s'obligent à payer la portion de bourse qui reste à leur charge.

Un acte semblable doit être produit par les pensionnaires pour la totalité de leur pension.

Engagement relatif au remboursement de la bourse ou portion de bourse dont ils auraient joui à prendre par les élèves-maîtres qui ne rempliraient pas leur engagement décennal.

109. Avant d'être reçus à l'école normale, les élèves-maîtres jouissant d'une bourse entière ou partielle doivent déposer, entre les mains du directeur, un acte par lequel ils s'engagent, ou , s'ils sont mineurs, leurs parents ou tuteurs s'engagent à rembourser le prix de la bourse ou de la portion de bourse qui leur aurait été accordée sur les fonds du département ou de l'État, dans le cas où , sans l'autorisation du ministre , ils renonceraient à leurs études avant la fin du cours, ainsi que, dans celui où, après être sortis de l'école, ils ne rempliraient pas l'engagement par eux contracté de servir pendant dix ans au moins dans l'instruction publique, comme instituteurs communaux.

Engagement relatif au remboursement de leurs frais d'instruction à prendre par les pensionnaires.

110. L'instruction étant donnée gratuitement aux pensionnaires, ils doivent, dans le cas où sans autorisation ils renonceraient à leurs études avant la fin du cours, ainsi que dans celui où, après être sortis de l'école, ils ne rempliraient pas l'engagement par eux contracté de servir pendant dix ans au moins dans l'instruction primaire, rembourser le prix de l'instruction qu'ils ont reçue.

Ce prix est fixé à 60 fr. par an.

Avant d'entrer à l'école normale, ces élèves déposeront, entre les mains du directeur, l'acte par lequel ils s'engagent, ou, s'ils sont mineurs, leurs parents ou tuteurs s'obligent à opérer ce remboursement, dans le cas où ils ne rempliraient pas leur engagement.

Cas où l'élève est majeur avant sa sortie de l'école.

111. Lorsque l'élève-maître appelé à contracter les engagements mentionnés aux articles 109 et 110 est majeur au moment de son admission, ou lorsqu'il atteint sa majorité durant son séjour à l'école, il s'oblige solidairement avec ses parents à faire, audit cas, le remboursement du prix de la bourse ou

de la portion de bourse dont il a joui, ainsi que de
ses frais d'instruction s'il est pensionnaire.

Formalités dont ces engagements doivent être revêtus.

112. Les engagements mentionnés aux articles
108, 109, 110 et 111 doivent être préalablement
présentés au maire de la commnne dans laquelle ré-
sident les parents ou le tuteur de l'élève. Ce fonc-
tionnaire attestera qu'ils ont le moyen d'acquitter
les divers engagements qu'ils prennent envers
l'école.

**Les élèves renvoyés pour cause d'inconduite sont tenus au remboursement
de la bourse ou portion de bourse dont ils jouissent.**

113. Toutes les fois qu'un élève-maître se met
par son fait dans l'impossibilité de remplir l'engagement de se vouer pendant dix ans au service de
l'instruction publique, il doit rembourser le prix
de la bourse ou de la portion de bourse dont il a
joui, jusqu'à concurrence du temps qu'il a passé à
l'école, ou, s'il est pensionnaire, le montant de ses
frais d'instruction.

Les élèves qui sont exclus pour cause d'inconduite sont tenus à ce remboursement, ainsi que ceux
qui renoncent volontairement à la carrière de
l'instruction publique, soit en quittant le cours
normal, soit après leur sortie de l'école.

Le renvoi pour cause d'inaptitude ne donne pas lieu au remboursement.

114. Les élèves qui sont renvoyés pour cause d'inaptitude bien constatée ne sont pas tenus au rem-

boursement de la bourse ou de la portion de bourse dont ils ont joui, ou de leurs frais d'études s'ils sont pensionnaires.

Il y a lieu au remboursement lorsque l'inaptitude n'est que simulée.

115. Si un élève-maître qui serait reconnu avoir une capacité suffisante répondait mal à l'examen dans l'intention de se libérer de son engagement en se faisant renvoyer pour cause d'inaptitude, la commission de surveillance et la commission d'examen devraient apprécier jusqu'à quel point il peut y avoir dissimulation, fraude et mauvaise volonté de la part de cet élève, et, s'il était reconnu en faute sous ce rapport, il serait tenu de rembourser le prix de la bourse ou de la portion de bourse dont il aurait joui, ou de ses frais d'études s'il était pensionnaire.

L'abandon de l'instruction publique pour raison de santé ne donne pas lieu au remboursement.

116. Un élève-maître qui quitte l'instruction publique pour raison de santé, soit pendant son séjour à l'école, soit après sa sortie et avant l'expiration de son engagement décennal, n'est pas tenu au remboursement de la bourse ou de la portion de bourse dont il a joui, ou, s'il était pensionnaire, de ses frais d'études, si sa mauvaise santé est dûment constatée, et s'il a été relevé par le ministre de l'engagement qu'il a contracté.

La renonciation aux fonctions de l'enseignement donne lieu au remboursement de la bourse ou portion de bourse dont les boursiers départementaux ont joui.

117. Les boursiers départementaux qui renoncent

à leurs études avant la fin du cours normal, ou qui, sortis de l'école, ne remplissent pas l'engagement par eux contracté de servir pendant dix ans comme instituteurs communaux, sont tenus de rembourser le montant de la bourse ou de la portion de bourse dont ils ont joui.

La non-production d'un engagement écrit ne dispense pas du remboursement, s'il y a lieu.

118. Si un instituteur ancien élève-maître boursier n'avait pas contracté par écrit l'engagement de rembourser le prix de la bourse, ou si cet acte ne pouvait être produit, on n'en serait pas moins fondé, en vertu des dispositions de l'article 13 du règlement de décembre 1832 rappelées dans l'article précédent, à exercer contre lui des poursuites, s'il abandonnait l'instruction avant l'expiration de son engagement.

En cas de renonciation à l'enseignement, le même remboursement peut
être exigé de la part des boursiers autres que les boursiers départementaux et des pensionnaires.

119. Un élève-maître qui a joui pendant son séjour dans une école normale d'une bourse ou portion de bourse fondée par l'État, par une commune, par des particuliers ou par une association charitable, et qui ne remplit pas les conditions de son engagement décennal est tenu de rembourser le montant de cette bourse ou portion de bourse.

Les élèves pensionnaires qui renoncent à l'instruction primaire avant l'expiration de leur engagement décennal sont tenus également de rembourser le montant de leurs frais d'études à raison de 5 fr. par mois.

Ces divers remboursements ont lieu au profit de l'école.

Les boursiers sont tenus au remboursement, s'ils refusent d'exercer dans les communes pour lesquelles ils ont été nommés.

120. Un élève-maître boursier ne peut refuser d'exercer, comme instituteur primaire, dans la commune pour laquelle il a été nommé et institué.

En cas de refus, il est tenu de rembourser le prix de sa bourse, et il doit être signalé au ministre de la guerre, s'il a été dispensé du service militaire à cause de son engagement décennal.

Les boursiers ne peuvent quitter l'instruction publique pour l'instruction privée avant l'expiration de leur engagement.

121. Un instituteur ancien boursier ne peut quitter, même momentanément, avant l'expiration de son engagement, l'instruction publique pour l'instruction privée sans en avoir obtenu l'autorisation du ministre.

Dans le cas où il ne se serait pas pourvu de cette autorisation, il peut être tenu au remboursement de la bourse ou de la portion de bourse dont il a joui.

Le temps passé dans l'instruction privée ne peut être admis pour les boursiers en déduction du temps exigé pour l'engagement décennal.

122. Un instituteur breveté, sorti d'une école normale où il a reçu son éducation pédagogique à titre de boursier, et qui a, par conséquent, contracté l'engagement de servir pendant dix ans dans l'instruction primaire, ne peut compter comme faisant partie de ces dix années celles qu'il aurait passées dans un établissement d'instruction primaire dirigé par un instituteur privé, à moins qu'il ne prouve qu'il n'a pas été en son pouvoir de se livrer à l'enseignement dans une école publique.

Les boursiers départementaux sont tenus au remboursement s'ils quittent le département.

123. Si un élève-maître ayant joui d'une bourse ou portion de bourse départementale allait exercer les fonctions d'instituteur dans un département autre que celui qui lui a accordé cette bourse ou portion de bourse, il serait tenu d'en rembourser le montant à moins que le ministre, sur la proposition du préfet, ne l'autorisât à changer de département.

Les inspecteurs des écoles primaires sont tenus de veiller à l'accomplissement des engagements pris par les élèves-maîtres des écoles normales.

124. Les inspecteurs des écoles primaires tiennent un registre spécial sur lequel ils inscrivent le nom des élèves-maîtres des écoles normales et les conditions de l'engagement qu'ils ont souscrit. Ils y portent successivement les noms des diverses communes dans lesquelles ces élèves maîtres exercent les fonctions de l'enseignement.

Dans le cas où des instituteurs sortis de l'école normale ne rempliraient pas leur engagement, l'inspecteur en donnerait avis au directeur de l'école et au préfet qui, après les avoir mis en demeure de se libérer dans un délai déterminé feraient, s'il y a lieu, diriger contre eux des poursuites après en avoir obtenu l'autorisation spéciale du ministre.

125. Les élèves-maîtres ne peuvent être admis à l'école qu'au commencement de l'année scolaire.

Ils ne doivent en sortir qu'à la fin de cette année, à moins qu'ils ne soient déjà pourvus d'un brevet de capacité ou qu'ils n'obtiennent un congé pour raison de santé.

Les élèves-maîtres pourvus d'un brevet de capacité peuvent concourir pour une place d'instituteur avant la fin de l'année scolaire.

126. Les élèves-maîtres d'une école normale primaire déjà pourvus du brevet de capacité du degré élémentaire peuvent être valablement admis à concourir, avant la fin de l'année scolaire, pour des places d'instituteur primaire élémentaire.

Trousseau.

127. Tous les élèves-maîtres sont tenus d'apporter en entrant à l'école le trousseau prescrit par le règlement.

On n'admet pas d'élève-maître marié.

128. La présence dans une école normale d'un élève-maître marié pouvant avoir pour la morale et pour la discipline de graves inconvénients, les écoles normales primaires ne doivent pas admettre d'élève-maître marié.

Un élève-maître ne peut se marier pendant la durée du cours normal dont il fait partie sans re-

7

noncer par le fait même de son mariage à faire partie de l'école.

Admission en qualité d'élèves-maîtres de militaires en congé illimité.

129. Un militaire, porteur d'un congé illimité, et qui ne doit être libéré entièrement du service que dans quelques mois, peut être admis à subir l'examen pour entrer dans une école normale primaire.

Cas où un élève-maître peut quitter l'école sans y passer tout le temps de la durée du cours normal.

130. Il ne peut être fait exception à la règle qui oblige les élèves-maîtres à rester à l'école pendant tout le temps de la durée du cours normal qu'en faveur de ceux qui, à raison de l'instruction dont ils ont fait preuve lors de leur examen d'entrée, ont été jugés capables de suivre sur-le-champ le cours de seconde année.

La même faveur peut être accordée aux élèves-maîtres déjà pourvus du brevet de capacité.

131. Cette exception peut également être demandée en faveur d'un élève-maître qui, étant déjà pourvu du brevet de capacité pour l'instruction primaire élémentaire, serait appelé par une commune privée d'instituteur.

Ces exceptions doivent être accordées par le ministre.

132. Les exceptions mentionnées dans les deux articles précédents doivent être accordées sur la demande formelle et motivée du directeur de l'école, et en vertu d'une délibération de la commission de surveillance, approuvée par le ministre de l'instruction publique, à qui elle est transmise par le recteur.

Les instituteurs en exercice peuvent être admis en qualité d'élèves-maîtres.

133. Des instituteurs communaux ayant obtenu le brevet de capacité du degré élémentaire peuvent être autorisés à quitter momentanément leur école pour entrer dans une école normale en qualité de boursiers et y perfectionner leur instruction.

Conditions qu'ils doivent remplir.

134. Ces instituteurs ne doivent pas être âgés de plus de 35 ans.

Ils doivent justifier ou qu'ils n'ont pas contracté l'engagement décennal pour être dispensés du service militaire, ou qu'ils ont accompli cet engagement.

Ils sont soumis à tous les règlements de l'école, soit pour les études, soit pour la discipline.

Ils doivent se faire remplacer pour la direction de leur école.

135. Ils sont tenus de se faire remplacer à leurs frais et périls, durant le temps de leur séjour à l'école normale, par des maîtres munis des brevet et certificat exigés par la loi sur l'instruction primaire, présentés par le conseil municipal, nommés par le comité d'arrondissement, et agréés par le ministre, sur l'avis du recteur.

Cas dans lequel ils peuvent être obligés de se retirer immédiatement
de l'école normale.

136. Si l'instituteur remplaçant venait à quitter
l'école où il exerce à ce titre, l'instituteur admis
comme boursier serait tenu de se retirer de l'école
normale et de retourner à son école communale.

TITRE SIXIÈME.

DES EXAMENS QUE DOIVENT SUBIR LES ASPIRANTS A L'ÉCOLE NORMALE ET LES ÉLÈVES-MAÎTRES.

Les commissions d'instruction primaire sont chargées de ces examens.

137. Les commissions d'instruction primaire instituées dans chaque département pour examiner les aspirants aux brevets de capacité, soit pour l'instruction primaire élémentaire, soit pour l'instruction primaire supérieure et de délivrer lesdits brevets sous l'autorisation du ministre, sont également chargées de faire les examens d'entrée et de sortie des élèves de l'école normale primaire établie dans le département.

Elles font en outre les examens de fin d'année.

Commission devant laquelle a lieu l'examen lorsque plusieurs départements sont réunis pour l'entretien de l'école normale.

138. Lorsque deux ou plusieurs départements sont réunis pour l'entretien de l'école normale primaire, les examens d'entrée des aspirants des départements dans lesquels il n'y a pas d'école normale sont faits par la commission d'instruction primaire établie au chef-lieu de chacun de ces départements.

Commission devant laquelle a lieu l'examen lorsqu'il en existe plusieurs dans le département.

159. Dans les départements où il existe plusieurs commissions d'instruction primaire, ces examens ont lieu devant la commission d'instruction primaire formée au chef-lieu, ou, si l'école normale primaire n'est pas établie au chef-lieu, et s'il y a une commission d'instruction primaire dans la ville siége de cette école, devant cette dernière commission.

Epoque des examens.

140. Ces examens ont lieu publiquement, à l'époque du mois de septembre, une de celles qui sont indiquées par les réglements pour l'examen des aspirants aux brevets de capacité.

Des membres de la commission de surveillance assistent à ces examens.

141. Les membres de la commission de surveillance de l'école normale primaire ont le droit d'assister auxdits examens d'entrée ainsi qu'aux examens de sortie et aux examens de fin d'année.

Nombre de membres nécessaire pour les divers examens.

142. Trois membres au moins de la commission d'instruction primaire doivent prendre part aux examens d'entrée et de fin d'année; quatre au moins sont nécessaires pour les examens de sortie.

Notes à fournir par la commission d'examen sur chaque aspirant à l'école normale.

145. Les commissions d'examen ne doivent pas

se borner à constater jusqu'à quel point les candidats possèdent les connaissances exigées, et dont l'article 91 contient le détail : elles doivent aussi s'attacher à connaître les dispositions de ces candidats, leur caractère, leur degré d'intelligence et leur aptitude.

Liste des candidats admissibles.

144. Les aspirants reconnus admissibles aux écoles normales primaires, d'après les examens d'entrée, doivent être inscrits, par ordre de mérite, sur une liste qui reste déposée aux archives de l'école, et dont un double est envoyé au recteur de l'Académie, au préfet et au ministre.

On ne doit pas se borner à inscrire sur cette liste des aspirants en nombre égal à celui des places vacantes.

145. Lorsque des examens sont ouverts, la commission ne peut se dispenser de faire connaître son opinion sur tous les aspirants qui y ont pris part, et se borner à classer, par ordre de mérite, des aspirants en nombre égal à celui des places vacantes; elle doit classer tous les élèves qu'elle reconnaît admissibles quel qu'en soit le nombre.

Les bourses de l'État sont réservées aux premiers inscrits.

146. Les bourses entretenues sur les fonds de l'Etat sont toujours données aux élèves placés les premiers sur la liste par ordre de mérite.

Les bourses départementales peuvent être données sans distinction de rang.

147. Les bourses entretenues sur les fonds du

département sont données par le préfet. Il est à désirer que son choix se porte de préférence sur les aspirants qui occupent les premiers rangs sur la liste par ordre de mérite. Néanmoins des circonstances locales, la nécessité, par exemple, de répartir les bourses entre les aspirants des divers arrondissements proportionnellement à leur importance, peuvent exiger qu'il ne se conforme pas à l'ordre fixé par la commission. Il suffit que les aspirants auxquels il confère une bourse ou portion de bourse départementale soient inscrits sur la liste des admissibles, quel que soit le rang qu'ils y occupent.

Les bourses fondées par les communes, les particuliers, etc., ne peuvent être données qu'aux aspirants reconnus admissibles.

148. Les communes, les particuliers, et en général tous les fondateurs de bourses, sont libres de déterminer si elles seront données au concours. Mais les aspirants nommés à ces bourses ne peuvent être admis à l'école qu'autant qu'à la suite d'un examen subi devant la commission d'instruction primaire, ils ont été déclarés admissibles.

Les aspirants déclarés admissibles peuvent se présenter sans examen au concours suivant.

149. Les candidats qui, dans un premier concours pour des bourses d'école normale primaire, ont été déclarés admissibles, mais n'ont pas obtenu de bourse, peuvent se présenter de droit et sans nouvel examen à un concours suivant. Les nouveaux aspirants n'excluent pas ceux qui avaient été précédemment déclarés admissibles.

Les listes d'admissibles dressées à diverses époques peuvent et doivent être consultées pour la nomination des boursiers.

Matières de l'examen de fin d'année.

150. L'examen que la commission d'instruction primaire fait subir aux élèves-maîtres à la fin de la première année du cours normal doit porter sur toutes les matières que comprend l'examen pour le brevet de capacité élémentaire et dont l'article 153 contient le détail.

Liste présentant le résultat de cet examen.

151. Il doit être dressé à la suite de cet examen deux listes :

La première comprend les élèves qui sont présumés devoir être en état d'obtenir à leur sortie de l'école le brevet de capacité du degré supérieur.

La seconde comprend les élèves qui sont présumés devoir être en état d'obtenir à leur sortie de l'école le brevet de capacité du degré élémentaire.

Les élèves sont classés sur ces listes par ordre de mérite.

La commission y indique son jugement sur chacun d'eux par ces mots : *très-bien, bien, assez bien.*

Ces listes doivent être consultées pour déterminer les études que chaque élève devra faire pendant la seconde année.

152. La commission de surveillance aura soin que dans le règlement annuel des études les cours de l'école normale soient coordonnés de telle sorte que les élèves-maîtres puissent suivre ceux de ces cours qui sont le plus adaptés à leur destination respective.

Matières de l'examen pour le brevet de capacité pour l'instruction
primaire élémentaire.

153. Pour obtenir le brevet de capacité pour l'instruction primaire élémentaire, l'élève-maître devra satisfaire dans ses examens de sortie aux questions qui lui seront faites d'après le programme suivant :

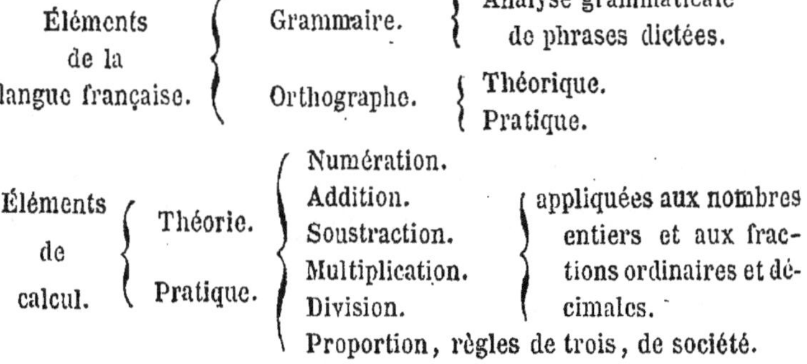

Procédés pour l'enseignement de la lecture et de l'ériture.

Système légal des poids et mesures.

Premières notions de géographie et d'histoire.

Matières de l'examen pour le brevet de capacité pour l'instruction primaire supérieure.

154. Pour obtenir le brevet de capacité pour l'instruction primaire supérieure, l'élève-maître devra satisfaire, dans ses examens de sortie, à toutes les questions qui lui seront faites d'après le programme pour l'instruction primaire élémentaire, sauf des développements plus étendus sur l'instruction morale et religieuse, sur les éléments de la langue française et sur les éléments du calcul. Il devra satisfaire, en outre, aux questions qui lui seront faites sur les matières comprises dans le programme suivant :

Notions de géométrie.

Angles, perpendiculaires, parallèles, surface des triangles, des polygones, du cercle; volume des corps les plus simples ;

Applications usuelles de la géométrie.
{ Arpentage.
{ Levé des plans.
{ Mesure des surfaces et des solides.

Dessin linéaire.

Notions des sciences physiques et de l'histoire naturelle applicables aux usages de la vie.

Notions de mécanique. Définition des machines les plus simples.

Eléments de la géographie et de l'histoire, et principalement de la géographie et de l'histoire de France.

Notions de la sphère.

Chant.
{ Musique.
{ Plain-chant.

{ Théorie.
{ Pratique.

Méthodes d'enseignement.
{ simultané.
{ mutuel.

Composition écrite, leçon orale.

155. En outre des matières énumérées dans les deux articles précédens, chaque candidat doit rédiger une composition sur un sujet donné, et faire une leçon orale sur une des parties du programme correspondant au degré du brevet qu'il veut obtenir.

La commission d'examen fixe d'avance, à l'ouverture de la session, le temps que doit durer chacun de ces exercices ; ce temps ne peut excéder une demi-heure pour la composition écrite, et un quart d'heure pour la leçon orale.

Examen sur le chant.

156. Quand les commissions d'instruction primaire ont à examiner des élèves qui, pour obtenir le brevet de capacité du degré supérieur, doivent subir les épreuves sur le chant, elles peuvent permettre à ceux qui manqueraient de voix d'y suppléer au moyen de la musique instrumentale, sans préjudice de l'examen théorique sur la matière.

Commission devant laquelle les élèves-maîtres doivent subir leur examen.

157. Tout élève-maître d'une école normale primaire doit subir l'examen de capacité devant la commission d'instruction primaire du département où est située cette école normale.

Les élèves-maîtres ne peuvent se présenter à l'examen avant d'avoir achevé le cours d'études.

158. Nul élève des écoles normales primaires ne

peut se présenter aux examens pour obtenir le brevet de capacité avant d'avoir achevé le cours d'études.

Les membres des commissions de surveillance communiquent aux commissions d'examen leurs notes sur chaque élève.

159. Les membres des commissions de surveillance des écoles normales primaires, qui assistent aux examens des élèves-maîtres, doivent communiquer à la commission d'instruction primaire leurs notes et leurs observations sur la conduite et sur le travail habituel de chaque élève.

Procès-verbal d'examen.

160. Le résultat de tous les examens, soit d'entrée, soit de sortie, est constaté pour chacun des candidats par un procès-verbal séparé.

Liste par ordre de mérite des élèves jugés dignes du brevet de capacité.

161. Les commissions d'instruction primaire dressent une liste par ordre de mérite de tous les élèves-maîtres qui, d'après l'examen de sortie, sont jugés dignes d'obtenir le brevet de capacité.

Elles y indiquent leur jugement sur chacun des candidats reçus par un de ces termes : *très-bien, bien, assez bien.*

Envoi de cette liste au recteur, au préfet et au ministre.

162. Un double de cette liste, ainsi que des listes présentant le résultat des examens de fin d'année, est envoyé au recteur de l'Académie, au préfet, et si deux ou plusieurs départements sont réunis pour l'entretien de l'école normale, à chacun des préfets, en ce qui concerne les boursiers de son département seulement, et au ministre.

Elèves qui sont dans la nécessité de redoubler le cours de première ou de deuxième année.

163. Lorsqu'un élève est dans la nécessité de redoubler son cours de première ou de deuxième année il doit en demander la permission au ministre. -

Il doit annexer à sa demande une déclaration de la commission d'instruction primaire et de la commission de surveillance de l'école qui fera connaître si elles pensent que cet élève mérite cette faveur par une conduite excellente et par un travail soutenu.

Avis du préfet lorsqu'il s'agit des boursiers départementaux.

164. Si l'élève-maître qui demande à redoubler son cours de première ou de deuxième année est un boursier départemental, la déclaration de la commission de surveillance doit être accompagnée de l'avis favorable du préfet et transmise au ministre de l'instruction publique par le recteur de l'Académie qui y joint son avis personnel.

Epoque de l'envoi de ces demandes.

165. Les demandes de cette nature doivent parvenir au ministère au plus tard le 15 septembre, afin qu'il puisse être statué à ce sujet avant la reprise des cours de l'école normale.

Certificat délivré aux élèves qui ont obtenu le brevet de capacité.

166. La commission de surveillance de l'école

normale délivre aux élèves-maîtres qui ont obtenu un brevet de capacité, un certificat dans lequel elle fait mention de la conduite que l'élève a tenue et de la méthode d'enseignement dont il connaît le mieux la théorie et la pratique.

Ce certificat doit être produit par les anciens élèves-maîtres qui demandent à tenir un pensionnat.

167. Si un instituteur, ancien élève-maître d'une école normale primaire, se mettait en instance pour obtenir l'autorisation de diriger un pensionnat primaire, il serait tenu de produire ce certificat.

TITRE SEPTIÈME.

DE LA DISCIPLINE.

Règlement intérieur de l'école normale.

168. Chaque école normale primaire a un règlement intérieur, dressé par la commission de surveillance, sur la proposition du directeur et approuvé par le ministre en conseil royal de l'instruction publique, qui trace les obligations respectives du directeur, des maîtres-adjoints et des élèves-maîtres principalement en ce qui concerne la discipline. (Art. 84.)

Règlement annuel d'études.

169. Indépendamment du règlement intérieur de l'école, la commission de surveillance dresse tous les ans, sur la proposition du directeur, le projet de règlement des études pour l'année suivante. Ce projet comprend la distribution du temps entre les divers cours que doivent suivre les élèves et les divers exercices auxquels ils doivent se livrer.

Il fait connaître l'heure du lever et du coucher des élèves, pour les deux saisons d'hiver et d'été, celle des repas, des classes, des études, des récréations, etc., en un mot, l'emploi complet de chaque journée.

Epoque de l'envoi de ce règlement.

170. Le projet de règlement d'études doit être envoyé au recteur de l'académie, qui y joint ses propositions et le transmet au ministre de l'instruction publique dans les quinze premiers jours de septembre.

Approbation de ce règlement.

171. Ce projet, après avoir été examiné en conseil royal et modifié, s'il y a lieu, est approuvé par le ministre.

Prières.

172. Les journées commencent et finissent par une prière commune, qui, selon les différents cultes professés par les élèves, est conforme à ce que prescrivent ou le catéchisme du diocèse, ou les instructions de l'église consistoriale.

La prière du soir est suivie d'une lecture de piété qui dure un quart d'heure.

Service divin.

173. Les jours de dimanche et de fêtes conservées, les élèves-maîtres sont conduits à l'église ou au temple, suivant la religion que chacun d'eux professe, pour y assister au service divin.

Lectures pendant le repas.

174. Pendant le dîner et le souper, un des élèves fait une lecture morale et instructive dans un livre désigné par le directeur.

Surveillance à exercer sur les élèves pendant les récréations.

175. Tous les jeux de cartes et de hasard sont

interdits : il est défendu de jouer de l'argent sous quelque prétexte que ce soit.

L'introduction dans l'école de toute arme et celle de la poudre à tirer, même en artifice, est interdite.

Le directeur et les surveillants doivent veiller à ce que les élèves se conforment à ces prescriptions.

Occupation des élèves pendant les récréations.

176. Si quelques élèves connaissent un métier, on leur procure la facilité de s'y exercer pendant les récréations.

L'heure des récréations doit être principalement consacrée aux exercices gymnastiques et aux travaux d'horticulture, de greffe et de taille des arbres et d'agriculture si l'école possède un jardin, un verger et un terrain qui puisse être consacré à quelques essais agricoles.

Les élèves ne peuvent recevoir de visite que pendant les récréations.

177. Les élèves-maîtres ne peuvent recevoir de visite qu'aux heures de récréation, et seulement de la part de leurs parents ou de leurs correspondants.

Les élèves-maîtres ne peuvent ni coucher ni travailler dans une chambre séparée.

178. Aucun élève-maître ne peut ni coucher, ni travailler dans une chambre séparée, sans une permission du directeur.

Soins de propreté à exiger de la part des élèves-maîtres.

179. Les élèves-maîtres doivent entretenir la

plus grande propreté dans les dortoirs et sur leurs vêtements. Ils doivent être chargés de faire leurs lits, de nettoyer leurs habits et leurs chaussures , de balayer les classes et les dortoirs. Ils doivent, en un mot, être amenés à contracter dans leur nourriture, dans leurs habillements et en toute circonstance, ces habitudes de simplicité , de frugalité et de travail personnel qui doivent être celles de toute leur vie.

Résultats en vue desquels doit être organisée la discipline.

180. La discipline comme l'enseignement des écoles normales primaires doivent avoir pour résultat de pénétrer les élèves-maîtres de l'idée qu'ils sont destinés à servir un jour de modèles aux enfants qui leur seront confiés , et qu'ils doivent pour cela s'efforcer d'acquérir durant leur séjour à l'école, avec des principes sûrs et des mœurs graves , toutes les habitudes honorables qui peuvent leur concilier l'estime et la considération des pères de famille.

Punitions.

181. Les punitions admises dans les écoles normales primaires en cas de faute grave sont :

1° La réprimande particulière du directeur;

2° La réprimande par la commission de surveillance ;

3° La réprimande publique devant toute l'école ;

4° L'exclusion provisoire ;

5° L'exclusion définitive.

Avant de prononcer l'exclusion, l'élève-maître doit être entendu ou appelé.

182. La commission de surveillance ne peut pro-

8.

noncer l'exclusion soit provisoire, soit définitive, que l'élève-maître n'ait été entendu ou dûment appelé.

Elle doit être approuvée par le préfet ou par le recteur.

.**183**. A moins qu'il n'y ait urgence bien constatée, il ne peut être donné suite à la délibération portant exclusion définitive avant d'avoir obtenu l'approbation du préfet, s'il s'agit d'un boursier communal ou départemental, et l'approbation du recteur, s'il s'agit de tout autre élève-maître.

Avis doit en être donné au ministre.

184. Aussitôt que la délibération portant exclusion définitive a été approuvée, le recteur en envoie copie au ministre de l'instruction publique.

Les élèves exclus ne peuvent jouir de la dispense du service militaire.

185. Les élèves-maîtres exclus d'un école normale primaire ne peuvent jouir du bénéfice de leur engagement décennal pour la dispense du service militaire; ils doivent, en conséquence, être dénoncés au ministre de la guerre, comme replacés dans le droit commun pour la dispense dudit service.

Ils ont droit néanmoins au remboursement de leur pension.

186. Les élèves-maîtres exclus pour cause d'inconduite ont droit, comme les élèves-maîtres renvoyés pour cause d'incapacité, au remboursement du prix de la pension ou de la portion de bourse à leur charge à partir du jour de leur sortie de l'école.

187. Tout élève-maître d'une école normale primaire qui, sans en avoir obtenu l'autorisation du ministre de l'instruction publique, se présenterait devant une commission d'instruction primaire à l'effet de subir un examen pour un brevet de capacité, avant d'avoir achevé le cours d'études à l'école normale à laquelle il appartient, encourrait, s'il était boursier, la perte de la bourse dont il jouissait, et, dans tous les cas, l'exclusion de l'école.

188. Le directeur tient un registre divisé en autant de colonnes qu'il y a d'objets d'enseignement, sur lequel il inscrit les notes relatives au travail des élèves. Il y inscrit aussi les notes sur le caractère et la conduite de chacun d'eux.

189. Ce registre est mis tous les mois sous les yeux de la commission de surveillance.

190. Au commencement de chaque trimestre, le directeur de l'école normale remet au président de la commission de surveillance un résumé exact des notes consignées dans ce registre sur la conduite, l'application, l'aptitude et les progrès des élèves-maîtres.

Mention est faite au bas dudit état des élèves-maîtres qui auraient encouru l'exclusion de l'école et des motifs de cette exclusion.

Envoi de cet état au ministre et aux préfets.

191. Cet état est aussitôt transmis au recteur de l'académie, qui l'envoie au ministre avec ses observations.

Une copie en est remise en même temps aux préfets, chacun en ce qui concerne les boursiers de leur département.

Rapport annuel sur la discipline et sur les études.

192. A la fin de chaque année scolaire, le directeur de l'école normale dresse, sur tout ce qui concerne la discipline et les études de l'école, un rapport et le remet à la commission de surveillance.

Observations de la commission de surveillance sur ce rapport.

193. Dans les observations que la commission de surveillance joint au rapport, elle a soin de faire connaître si le registre sur lequel le directeur doit inscrire les notes relatives au travail, au caractère et à la conduite de chaque élève, est régulièrement tenu.

Elle y indique en même temps de quelle manière les différents maîtres remplissent leurs fonctions.

Envoi au ministre et au préfet.

194. La commission envoie ce rapport et les observations qu'elle y ajoute au recteur qui le transmet au ministre, dans les premiers jours de septembre, en l'accompagnant de ses propres observations.

Une expédition de ce rapport et des observations auxquelles il donne lieu est en même temps remise aux préfets des départements chargés de l'entretien de l'école, chacun en ce qui le concerne.

Rapport du préfet sur la situation de l'école normale.

195. A la même époque, le préfet du département, siége de l'école, adresse directement au ministre de l'instruction publique ses observations sur la situation de l'école normale.

Examen de ces diverses pièces au ministère.

196. Ces diverses pièces sont examinées par le ministre en conseil royal de l'instruction publique. Les remarques auxquelles elles peuvent donner lieu sont adressées au recteur avant l'ouverture de la nouvelle année scolaire.

Tableau du personnel des maîtres.

197. A la fin de l'année scolaire, la commission de surveillance dresse le tableau du personnel du directeur et des maîtres-adjoints, et y consigne ses observations sur la manière dont chacun d'eux s'acquitte de ses devoirs. Ce tableau est envoyé au ministre par l'intermédiaire du recteur.

Mesures à prendre si, dans le courant de l'année, la conduite de l'un ces maîtres donnait lieu à des plaintes.

198. Si, dans le cours de l'année, la conduite du directeur ou de l'un des maîtres-adjoints donnait lieu à des plaintes sérieuses, le recteur devrait en informer immédiatement le ministre de l'instruction publique.

Jours de congé.

199. Les classes vaquent dans les écoles normales primaires :

Les dimanches et les jours de fêtes conservées.

Il y a, de plus, les congés suivants :

Le premier jour de l'an ;

Le jour de la fête du roi et des autres fêtes nationales ;

Les jeudi, vendredi et samedi saints ;

Et l'après-midi de chaque jeudi.

Promenades.

200. Le directeur conduit les élèves-maîtres en promenade les jours de congé, lorsque le temps le permet. Il peut aussi les y envoyer sous la conduite d'un maître-adjoint ou d'un maître-surveillant. Il désigne les lieux et les heures des promenades.

Ces lieux doivent, autant que possible, être choisis de telle sorte que, pendant la durée des promenades, le maître chargé de l'enseignement des notions d'agriculture puisse faire voir aux élèves-maîtres la mise en pratique des leçons qu'il leur a données pendant les jours précédents.

Sorties particulières.

201. Outre les promenades en commun, le directeur peut accorder une fois par mois des sorties particulières aux élèves-maîtres qui se distinguent par leur application, par leurs progrès et par une conduite irréprochable.

202. Les sorties particulières ne peuvent être accordées que sur le vu des deux pièces ci-après désignées :

1° Une demande d'un parent ou d'un correspondant qui se chargera de prendre l'élève-maître à l'école et de l'y ramener aux heures prescrites;

2° Un billet de satisfaction délivré par le maître-adjoint et par le maître-surveillant.

203. Ces sorties ont lieu le premier ou le deuxième jeudi de chaque mois; en été, de trois heures à huit heures; en hiver, de midi à cinq heures.

Les élèves-maîtres ne peuvent pas découcher.

204. Les élèves-maîtres doivent porter un habit uniforme, extrêmement simple, avec des boutons ayant pour légende ces mots : *Ecole normale primaire de*, et le nom de la ville siége de l'école.

Pour les promenades et les sorties particulières, les élèves-maîtres doivent toujours porter l'uniforme de l'école.

205. L'année scolaire, dans les écoles normales primaires, finit le 6 septembre et recommence le 6 octobre suivant.

Dans cet intervalle, les maîtres et leurs élèves

peuvent rentrer dans leur famille et prendre quelque repos.

Elles ne sont que facultatives.

206. Toutefois ces vacances d'un mois ne sont que facultatives; aucun élève ne peut être contraint de quitter l'école pendant leur durée. Le recteur doit se concerter avec la commission de surveillance pour qu'un maître soit toujours à l'école, afin de faire un cours aux élèves qui ne voudraient pas rentrer dans leur famille.

Congés temporaires pour les élèves-maîtres.

207. Lorsqu'un élève-maître est forcé de rentrer dans sa famille pour cause de maladie, le directeur lui accorde un congé.

Congés temporaires pour le directeur.

208. Aucun congé ne peut être accordé aux directeurs des écoles normales primaires que par le ministre même, sur la proposition motivée du recteur.

Congés temporaires pour les maîtres-adjoints.

209. Les congés temporaires dont les maîtres-adjoints pourraient avoir besoin leur sont accordés par le recteur de l'académie, qui pourvoit en même temps à ce que les cours dont ils sont chargés ne souffrent point de cette absence.

Avantages des internats.

210. Il existe une immense différence, tant sous le

rapport de l'instruction que sous celui non moins essentiel de l'éducation et de la discipline, entre les instituteurs formés dans un internat et ceux qui sont sortis d'un externat.

Aussi les commissions de surveillance, les inspecteurs, le recteur de l'académie et le préfet ne doivent-ils rien négliger pour faire constituer en internat les écoles normales primaires qui ne seraient encore que des externats.

On ne doit pas admettre d'externes dans les internats.

241. La discipline et l'éducation morale à donner aux élèves-maîtres exigent impérieusement qu'on ne reçoive pas d'élèves externes dans les internats.

L'exiguïté des locaux est un motif d'exception à cette règle.

242. On ne doit recevoir par exception des élèves-maîtres externes dans les internats que lorsque l'exiguïté des locaux ne permet pas d'y recevoir un nombre d'élèves-maîtres égal à celui qu'exigent les besoins du département.

Dans ce cas, la commission de surveillance, l'inspecteur, le recteur et le préfet doivent s'occuper activement de procurer à l'école normale un bâtiment d'une suffisante étendue.

Le régime diététique imposé par la religion est aussi un motif d'exception à cette règle.

243. En règle générale, on ne doit permettre l'admission d'élèves externes dans les internats que dans des cas tout à fait exceptionnels, par exemple, lorsqu'il s'agit d'élèves-maîtres israélites auxquels leur religion impose un régime diététique qui ne peut se concilier avec celui des écoles normales primaires.

TITRE HUITIÈME.

DE L'INSPECTION DES ÉCOLES NORMALES PRIMAIRES.

L'inspecteur de l'instruction primaire doit visiter fréquemment l'école normale.

214. L'inspecteur des écoles primaires doit visiter fréquemment l'école normale, prêter une constante attention à ses travaux, les suivre de très près et s'assurer que les élèves de chaque année suivent régulièrement les cours auxquels ils sont tenus d'après les programmes approuvés par le ministre, sur l'avis du conseil royal.

Il surveille la composition de la bibliothèque.

215. Il lui est spécialement recommandé de surveiller la composition de la bibliothèque et de s'assurer qu'elle ne contient aucun ouvrage contraire à la religion et aux bonnes mœurs.

Nature des rapports qui doivent exister entre l'inspecteur et le directeur de l'école normale.

216. L'inspecteur doit entretenir avec le directeur de l'école normale primaire des relations aussi intimes que possible, car de ces deux fonctionnaires dépend la destinée de l'instruction primaire dans le département. L'un forme les maîtres ; l'autre sera chargé de les suivre et de les diriger dans chaque localité. La bonne intelligence du directeur et de l'inspecteur, l'unité de leurs vues, l'harmonie de leurs influences sont indispensables pour assurer le succès de la mission que chacun d'eux a reçue. Leur situation les appelle à contracter l'un et l'autre une véritable fraternité de pensées et d'efforts. Il faut qu'elle soit réelle et animée par un profond sentiment de leurs devoirs communs, afin que leur tâche soit bien plus facile et leur action bien plus efficace.

Règles à suivre par l'inspecteur lorsqu'il aura des observations à adresser au directeur.

217. Lorsque l'inspecteur a des instructions à communiquer au directeur de l'école normale, lorsqu'il croit devoir lui donner des conseils ou lui adresser des observations sur la marche de l'établissement, il doit le faire avec tous les ménagements que demande leur position respective.

Marche à suivre par l'inspecteur s'il n'est pas déféré à ses observations.

218. Si l'inspecteur vient à remarquer qu'il n'a pas été déféré à ses conseils ou à ses observations, il doit réclamer l'intervention du recteur ou du préfet, selon qu'il s'agit de l'enseignement ou de quelque fait administratif dépendant de l'administration générale.

Il dresse tous les ans un rapport sur l'état de l'école normale.

219. L'inspecteur adresse chaque année au préfet et au recteur un rapport sur l'état de l'école normale.

Il s'occupe du placement des élèves-maîtres qui ont reçu le brevet
de capacité.

220. L'inspecteur inscrit chaque année sur un registre particulier le nom des élèves-maîtres qui sont
sortis de l'école normale avec le brevet de capacité;
il prend note de ceux qui ont été placés en qualité
d'instituteurs communaux; il désigne à ceux qui attendent de l'emploi les communes qui n'ont pas
d'instituteurs; il fait connaître aux maires de ces
communes les noms des élèves-maîtres qui sont sans
place; il en transmet la liste au recteur et au préfet,
afin qu'ils hâtent et dirigent convenablement leur
placement.

Surveillance qu'il exercera sur les élèves-maîtres après leur sortie
de l'école.

221. Dans le courant de leurs tournées annuelles,
l'inspecteur et les sous-inspecteurs s'assurent si les
élèves-maîtres qui ont pris l'engagement de se vouer
pendant dix ans à l'instruction publique et que le
ministre n'a pas relevés de cet engagement en remplissent les conditions; ils inscrivent exactement sur
le registre ouvert à cet effet le nom de la commune
dans laquelle ces instituteurs exercent les fonctions
de l'enseignement, et, dans le cas où ils auraient renoncé à l'enseignement avant l'expiration de leur engagement, ils les signalent au préfet et au directeur
de l'école normale, afin que des poursuites soient
dirigées contre eux pour leur faire rembourser le
prix de la bourse ou de la portion de bourse dont
ils ont joui à l'école, ou le montant des frais d'études, s'ils étaient pensionnaires libres.

Un extrait de ce registre est envoyé tous les ans au ministre.

222. Un extrait de ce registre, comprenant tous les instituteurs dont l'engagement décennal n'est pas encore expiré et qui n'ont pas été relevés de cet engagement, est envoyé tous les ans au ministère. '

Cet état fait connaître la position actuelle de ces instituteurs et la commune dans laquelle ils sont employés.

Les recteurs et les inspecteurs d'académie doivent visiter fréquemment les écoles normales.

223. Il est spécialement recommandé aux recteurs et aux inspecteurs d'académie de visiter fréquemment l'école normale placée dans la ville de leur résidence, et de s'assurer qu'elle ne laisse rien à désirer, tant sous le rapport de l'enseignement et de la discipline que sous celui de l'administration.

Ils visitent également les autres écoles normales primaires de l'académie toutes les fois qu'ils ont à se rendre dans les villes où elles sont placées.

Les inspecteurs d'académie rendent compte des résultats de cette inspection au recteur, et celui-ci en donne connaissance, lorsqu'il y a lieu, au ministre.

Les inspecteurs généraux de l'Université visitent annuellement les écoles normales.

224. Dans leurs tournées annuelles, les inspecteurs généraux de l'Université visitent toutes les écoles normales primaires.

Ils se font rendre compte de la manière dont chacun des fonctionnaires de l'école remplit ses devoirs et de la portée de l'enseignement dans chacune des parties du cours normal, ils comparent les procédés employés pour transmettre l'instruction pédagogique aux élèves maîtres, les résultats qu'ils ont produits, et ils indiquent aux diverses écoles normales primaires ce qui, dans les autres écoles, leur a semblé le plus digne d'imitation.

Rapport des inspecteurs généraux.

225. Les inspecteurs généraux de l'Université adressent au ministre, pour chaque école normale primaire, un rapport dans lequel ils consignent les résultats de l'inspection de cet établissement, les observations auxquelles sa situation a donné lieu, enfin leurs propositions sur les améliorations qu'il leur semble nécessaire d'y introduire.

Ce rapport doit présenter la solution des questions dont le détail suit :

ENSEIGNEMENT.

Instruction morale et religieuse.

1. Histoire sainte et dogme.
Culte et morale.
Est-elle donnée avec autorité et avec onction ?
Est-elle reçue avec attention et avec fruit ?
Le clergé la surveille-t-il avec soin ?
Le directeur de l'école s'y associe-t-il ?
Les pratiques religieuses sont-elles observées ?
Quelles dispositions morales et religieuses les élèves ont-ils apportées dans la maison ?
Quelles dispositions montrent-ils sous ce rapport ?

Méthodes d'enseignement et principes d'éducation.

2. Par qui et comment est fait ce cours ?
Ce qu'il comprend (1re et et 2e année).
Quel succès on obtient.

Lecture.

3. Procédés pour l'enseignement de la lecture.
Par qui et comment est fait ce cours ?
Ce qu'il comprend (1re et 2e année).
Quels succès on obtient.
Si l'on parvient à corriger l'accent local par les
lectures à haute voix, etc.

Ecriture.

4. Procédés pour l'enseignement de l'écriture.
Par qui et comment est fait ce cours ?
Ce qu'il comprend (1ro et 2e année).
Quel succès on obtient.

Etude de la langue française (grammaire, orthographe; analyse grammaticale, analyse logique ; rédaction des leçons; compositions et exercices de style).

5. Par qui et comment est fait ce cours ?
Ce qu'il comprend (1re et 2e année).
Quel succès on obtient.

Arithmétique. (Numération ; les 4 règles, les fractions ; les
proportions ; les logarithmes ; le système légal des poids
et mesures).

6. Par qui et comment est fait ce cours ?

(131)

Ce qu'il comprend (1re et 2e année).
Quel succès on obtient.

Dessin linéaire.

7. Par qui et comment est fait ce cours ?
Ce qu'il comprend (1re et 2e année).
Quel succès on obtient.

Notions de géométrie pratique (2e année).

8. Par qui et comment est fait ce cours ?
Ce qu'il comprend.
Quel succès on obtient.

Arpentage (2e année).

9. Par qui et comment est fait ce cours ?
Ce qu'il comprend.
Quel succès on obtient.

Mécanique (définitions des machines les plus simples (2e année).

10. Par qui et comment est fait ce cours ?
Ce qu'il comprend.
Quel succès on obtient.

Notions des sciences physiques et de l'histoire naturelle applicables aux usages de la vie (2e année).

11. Par qui et comment est fait ce cours ?
Ce qu'il comprend.
Quel succès on obtient.

Eléments de l'histoire et de la géographie, et spécialement de l'histoire et de la géographie de la France.

12. (1re année). Histoire et géographie anciennes et du moyen âge.

(2ᵉ année). Histoire et géographie modernes et spécialement histoire et géographie de la France.

Par qui et comment est fait ce cours?

Quel succès on obtient.

Notions de la sphère (2ᵉ année).

13. Par qui et comment est fait ce cours?

Ce qu'il comprend.

Quel succès on obtient.

Musique et plain-chant.

14. Par qui et comment est fait ce cours?

Ce qu'il comprend (1ʳᵉ et 2ᵉ année).

Quel succès on obtient.

Gymnastique (1ʳᵉ et 2ᵉ année).

15. Par qui et comment est fait ce cours?

Quel succès on obtient.

Rédaction des actes de l'état civil et des procès-verbaux, notions de comptabilité communale (2ᵉ année).

16. Par qui et comment est fait ce cours?

Ce qu'il comprend.

Quel succès on obtient.

Greffe et taille des arbres, notions pratiques d'agriculture et d'horticulture (1ʳᵉ et 2ᵉ année).

17. Par qui et comment est fait ce cours?

Ce qu'il comprend.

Quel succès on obtient.

18. A-t-on introduit dans l'école d'autres branches d'enseignement?

Quelles sont-elles? quelle est leur portée?

Par qui et comment sont-elles professées?

Quel succès obtient-on?

19. Les élèves-maîtres sont-ils exercés à la pratique de l'enseignement, soit dans une école primaire entretenue par la ville hors de l'école normale, soit dans une école primaire annexée à l'école normale?

A-t-on soin qu'ils apprennent et la méthode d'enseignement mutuel et la méthode d'enseignement simultané?

20. Les élèves sont-ils divisés par année, et la gradation de l'enseignement est-elle bien observée?

21. Quelle est la durée du cours normal? Dans le cas où elle serait de plus ou moins de deux ans, quels sont les motifs de cette extension ou de cette réduction?

22. A-t-on soin de ne pas laisser les élèves-maîtres quitter l'école normale pour aller se faire examiner et recevoir le brevet de capacité avant qu'ils aient achevé tout le cours d'études de l'école normale?

23. Se conforme-t-on pour l'emploi du temps aux règlements et programmes arrêtés par le ministre?

24. Quel est le nombre d'heures consacrées par les élèves aux classes, aux études, aux repas, aux récréations et au sommeil?

En hiver?

En été?

DISCIPLINE.

25. Quelles sont les règles observées dans la maison pour la surveillance des élèves? Le bon ordre règne-t-il dans tous les exercices?

26. Quelle est la nature des punitions infligées aux élèves? Ces punitions sont-elles appliquées avec discernement ?

27. Si l'école n'est pas encore constituée en internat, quels sont les moyens d'observation et d'action sur les élèves hors de la maison ?

28. Y a-t-il un uniforme, est-il modeste et propre?

29. A-t-on été obligé d'exclure des élèves de l'école pour cause d'indiscipline?

Quel est le nombre des élèves exclus?

ADMINISTRATION.

30. Les registres de la commission de surveillance sont-ils régulièrement tenus ?

31. La composition de cette commission donne-t-elle lieu à quelques observations ?

32. Y a-t-il quelques-uns de ses membres qui s'occupent spécialement de l'école ?

33. Quelle a été jusqu'ici la part d'intervention du préfet et du recteur dans son administration ?

34. De quelle manière le conseil général du département manifeste-t-il l'intérêt qu'il prend à l'école ?

35. Comment le directeur s'acquitte-t-il de ses devoirs en ce qui concerne l'administration de l'école ?

36. Le registre sur lequel doivent être inscrites les notes relatives au travail, au caractère et à la conduite des élèves-maîtres est-il régulièrement tenu ?

A-t-on soin de renvoyer au recteur pour le transmettre au ministre le relevé sommaire desdites notes

(135)

aux deux époques de mars et d'août de chaque
année ?

37. L'ordre et la propreté règnent-ils dans toutes
les parties de la maison ?

38. La bibliothèque est-elle bien tenue ? Y a-t-il
des livres qui ne conviennent pas à leur destination ?
Quels sont-ils? Y a-t-il un catalogue registre?

39. L'école est-elle munie des instruments et collections nécessaires pour les différents cours et leurs
applications usuelles? Ces instruments et collections
sont-ils conservés avec soin ?

40. Si l'école est un externat, espère-t-on pouvoir
la convertir bientôt en internat ?

41. Les locaux dans lesquels l'école normale primaire est placée sont-ils une propriété départementale, communale ou particulière? Sont-ils convenablement disposés tant pour un pensionnat que pour
les divers besoins de l'établissement? Les classes sont-
elles suffisantes? Les dortoirs sont-ils aérés et tenus
proprement ?

42. Ces locaux sont-ils garnis de tout le mobilier
nécessaire ? Quel est le mobilier dont l'acquisition
est indispensable?

43. A-t-on eu soin de dresser un inventaire des
objets mobiliers qui appartiennent à l'établissement?

44. Combien de pensionnaires boursiers ou élèves
libres le bâtiment peut-il recevoir ?

Combien existe-t-il actuellement d'élèves-maîtres
dans l'école ?

45. Combien d'élèves-maîtres exige le renouvellement annuel des instituteurs du département ?

46. Tous les élèves-maîtres sortis de l'école nor-

male sont-ils placés comme instituteurs communaux dans le département même ou ailleurs?

Combien sont sortis avec le brevet élémentaire?

Combien avec le brevet supérieur?

47. Ne reçoit-on à l'école, dans le cas où elle serait constituée en internat, que des élèves-maîtres inter·nes? Si l'on s'était écarté de cette règle générale, quels en sont les motifs?

48. Ne reçoit-on à l'école que des élèves qui veulent embrasser la profession d'instituteur?

Le directeur et la commission de surveillance sont-ils bien pénétrés de cette idée, qu'une école normale primaire n'est pas simplement une école primaire supérieure, et que dans une école normale on doit avoir pour but de former, non pas seulement des hommes instruits, mais des maîtres capables d'instruire.

49. Les élèves-maîtres sont-ils amenés à contracter, dans leur nourriture, dans leur habillement et en toute autre circonstance, ces habitudes de simplicité, de frugalité et de travail personnel qui doivent être celles de toute leur vie?

Sont-ils chargés de faire leurs lits, de nettoyer leurs habits et leurs chaussures, de balayer les clas·ses et les dortoirs, etc. ; ou une partie de ces soins est-elle confiée à des domestiques?

50. Le service des bourses est-il fait par régie ou par abonnement?

51. Les registres destinés à inscrire toutes les dé·penses relatives au service des bourses et énumérées à l'article 11 du budget sont-ils régulièrement te·nus?

52. Quelle est la somme strictement nécessaire pour couvrir la dépense de la bourse, en ayant égard aux variations qui peuvent survenir annuellement dans le prix des denrées?

Quel est le boni qui peut être fait sur le prix de la bourse tel qu'il est fixé au budget, et qui peut être capitalisé tous les ans au profit de l'établissement ?

53. La nourriture des élèves est-elle simple, substantielle et suffisamment abondante?

54. En cas d'abonnement, quel est le boni que le directeur peut faire annuellement sur le prix de la bourse?

55. Le nombre des maîtres-adjoints est-il proportionné aux besoins du service ?

56. Ce nombre ne serait-il pas trop considérable relativement à celui des élèves, et ne serait-il pas possible de confier des cours analogues au même maître ?

57. Quelle est le plus habituellement la profession des parents des élèves-maîtres ?

Viennent-ils des villes ou des campagnes ?

58. Des cours ont-ils été établis à l'école pour mettre les instituteurs en exercice à même de perfectionner leur instruction?

Combien d'instituteurs ont-ils suivi ces cours ?

Quels résultats ces cours ont-ils produits ?

Les renseignements recueillis sur tous ces points par les inspecteurs généraux sont suivis des observations de la commission de surveillance, de l'inspecteur spécial de l'instruction primaire, du préfet, du recteur et des inspecteurs généraux.

226. Les rapports des inspecteurs généraux sont examinés en Conseil royal de l'instruction publique. Les résultats de cet examen sont communiqués au préfet et au recteur, afin qu'ils fassent introduire dans le régime de l'école normale les changements qui seraient jugés nécessaires.

Les inspecteurs généraux qui doivent visiter l'année suivante cette école, reçoivent la mission de s'assurer si on s'est conformé aux dispositions prescrites à ce sujet par le ministre.

TITRE NEUVIÈME.

DES ÉCOLES MODÈLES PROTESTANTES ; DES COURS SPÉCIAUX OUVERTS DANS LES ÉCOLES NORMALES PRIMAIRES POUR LES INSTITUTEURS EN EXERCICE ; DES ÉCOLES PRIMAIRES ANNEXÉES AUX ÉCOLES NORMALES PRIMAIRES.

Ecoles modèles protestantes.

227. Dans les départements d'une étendue considérable ou dont les habitants professent différents cultes , le ministre de l'instruction publique, sur la demande des conseils généraux, ou sur celle des conseils municipaux qui offriront de concourir au paiement des dépenses nécessaires, et sur la proposition du préfet et du recteur, peut autoriser, après avoir pris l'avis du conseil royal , outre les écoles normales, l'établissement d'écoles modèles qui seront aussi appelées à former des instituteurs.

Régime de ces écoles.

228. Toutes les dispositions des lois, ordonnances, règlements, arrêtés, décisions et instructions relatifs à l'enseignement, à la discipline et à l'administration des écoles normales primaires , sont également applicables aux écoles modèles.

Cours spéciaux ouverts dans les écoles normales primaires en faveur des instituteurs en exercice.

229. Afin de procurer aux instituteurs primaires communaux qui n'ont pas été formés dans les écoles normales primaires le bienfait de l'instruction pédagogique qu'on reçoit dans ces établissements, un cours spécial est ouvert tous les ans dans les écoles normales primaires en faveur de ces instituteurs.

Le conseil général est invité à voter annuellement une allocation destinée à indemniser les instituteurs qui sont appelés à fréquenter ce cours, des dépenses que leur occasionne leur séjour dans la ville, siége de l'école, ou à rembourser à l'école, lorsqu'elle se charge de nourrir et de loger ces instituteurs, les dépenses qu'elle doit faire pour cet objet.

Objet de ces cours.

230. Les cours spéciaux faits dans les écoles normales en faveur des instituteurs primaires communaux en exercice doivent avoir principalement pour objet les méthodes d'enseignement et les principes d'éducation. Il est recommandé aux professeurs de s'attacher surtout à faire connaître aux instituteurs qui les fréquentent les procédés qu'on doit suivre pour l'enseignement des diverses branches de l'instruction primaire.

Programme de ces cours.

231. Le directeur de l'école normale présente à la commission de surveillance un programme détaillé, leçon par leçon, des diverses matières qui

doivent être traitées dans le cours spécial du perfectionnement établi en faveur des instituteurs en exercice.

La commission approuve ce programme et veille
à ce que chacun des maîtres s'y conforme exactement.

Époque de l'année à laquelle ces cours doivent avoir lieu.

232. Le cours spécial de perfectionnement doit
être fait dans le mois de septembre.

Il commence immédiatement après la clôture de
l'année scolaire et doit être terminé avant la ren-
trée des élèves-maîtres à l'école normale.

Ces cours ne sont pas obligatoires.

233. Les cours spéciaux établis dans les écoles
normales primaires en faveur des instituteurs en
exercice ne sont pas obligatoires. Ceux qui sont appelés à en profiter ne sont pas tenus d'y assister,
sous peine, s'ils refusent, d'encourir une punition
disciplinaire.

Une école primaire peut être annexée à l'école normale.

234. Les élèves-maîtres des écoles-normales primaires devant être exercés à la pratique de l'enseignement pendant les derniers mois du cours normal, il convient, toutes les fois que l'état des locaux
et les ressources du département et de la ville siége
de l'école normale le permettent, qu'une école primaire soit annexée à cet établissement.

On évite ainsi les distractions auxquelles les

élèves-maîtres seraient exposés et les pertes de temps qu'ils éprouveraient si on les conduisait dans l'une des écoles communales.

La dépense de ces écoles annexes est une charge communale.

235. Les enfants de la commune recevant l'instruction dans les écoles annexes, les dépenses auxquelles donne lieu leur établissement et leur entretien sont une charge communale.

Un vote du conseil général est nécessaire pour les mettre à la charge du département.

236. La dépense des écoles annexes ne peut être mise à la charge du département que lorsque le conseil général en a formellement exprimé le vœu et lorsqu'il a voté des fonds pour cet objet.

Cas dans lequel cette dépense ne peut être mise à la charge du département.

237. La commune ne peut se décharger de l'obligation de pourvoir aux dépenses de l'école primaire communale dans les départements qui ne peuvent suffire au paiement des dépenses obligatoires de l'instruction primaire avec le produit de l'imposition de deux centimes additionnels au principal des quatre contributions directes.

Dans ces départements, ces dépenses ne peuvent dans aucun cas être acquittées avec le produit de cette imposition.

Là perception de la rétribution des élèves de l'école annexe peut être faite pour le compte de l'école normale.

238. Néanmoins la perception de la rétribution

mensuelle à payer par les familles des élèves qui fréquentent l'école annexe peut être faite pour le compte de l'école normale, qui prend alors à sa charge les dépenses de cette école.

Dans le cas où la recette serait insuffisante pour acquitter toutes les dépenses de l'école annexe, la commune ou le département n'ont plus à fournir que le complément de ressources nécessaire.

Conditions que doit remplir le directeur de l'école annexe.

239. Chaque école primaire annexe doit avoir un chef distinct, subordonné au directeur de l'école normale, muni de son brevet et de son certificat de capacité, exerçant comme sous-maître et remplissant les conditions générales de moralité et de capacité exigées par la loi du 28 juin 1833.

Le comité local et le conseil d'arrondissement peuvent visiter l'école annexe.

240. Le comité local et le comité d'arrondissement d'instruction primaire peuvent visiter les écoles primaires annexées aux écoles normales. Mais ils doivent se borner à observer la manière dont l'école est dirigée, à s'assurer si l'on se conforme aux règlements et à faire parvenir le résultat de leurs observations au préfet et au recteur. Ils ne peuvent ni prescrire de nouvelles dispositions relativement à la tenue de l'école, ni en modifier les règlements.

TITRE DIXIÈME.

FRANCHISE DE LA CORRESPONDANCE.

Franchise dont jouissent les présidents des commissions de surveillance.

241. Les présidents des commissions de surveillance des écoles normales primaires sont autorisés à correspondre en franchise, sous bandes, avec le recteur de l'Académie, les préfets des départements qui entretiennent des élèves dans ces écoles, et les inspecteurs et sous-inspecteurs des écoles primaires des mêmes départements.

Ils reçoivent également en franchise les lettres qui leur sont adressées par ces fonctionnaires et par le ministre de l'instruction publique.

Franchise dont jouissent les directeurs des écoles normales primaires.

242. Les directeurs des écoles normales primaires sont autorisés à correspondre en franchise sous bandes avec le recteur de l'Académie, les préfets des départements qui entretiennent des élèves dans ces écoles, et les inspecteurs et sous-inspecteurs des écoles primaires des mêmes départements.

Ils reçoivent également en franchise les lettres qui leur sont adressées par ces fonctionnaires et par le ministre de l'instruction publique.

Conditions à remplir pour que les lettres jouissent de la franchise.

243. Pour jouir de la franchise, les lettres que les présidents des commissions de surveillance et les directeurs des écoles normales primaires adressent aux préfets, recteurs, inspecteurs et sous-inspecteurs des écoles primaires, doivent être placées sous bandes et contre-signées de leurs nom et qualité.

Les dépêches qu'ils auraient à adresser au ministre de l'instruction publique doivent être placées sous enveloppe. Il n'est pas nécessaire qu'elles soient contre-signées.

TITRE ONZIÈME.

DES RECETTES ET DES DÉPENSES DES ÉCOLES NORMALES PRIMAIRES.

Des recettes des écoles normales.

244. Les recettes des écoles normales primaires se divisent en recettes ordinaires et recettes extraordinaires.

Recettes ordinaires.

245. Les recettes ordinaires sont destinées à acquitter celles des dépenses relatives à l'entretien de l'école normale primaire, qui sont susceptibles de se renouveler annuellement.

Détail de ces recettes.

246. Ces recettes se composent :

1° Des arrérages des rentes sur l'État appartenant à l'école ;

2° Du revenu de ses propriétés foncières ;

3° De l'intérêt des fonds placés à la caisse des dépôts et consignations ;

4° Du produit des fondations, legs et donations;

5° De l'allocation que le département, siége de l'école normale, ou les départements autorisés à se réunir pour son entretien , sont tenus de voter, dans les limites fixées par la loi, à l'effet de pourvoir au payement des dépenses de cette école;

6° De la subvention que le ministre alloue sur les fonds de l'État pour les dépenses ordinaires de l'école normale;

7° De la subvention que la ville, siége de l'école, aurait votée pour l'entretien de cet établissement;

8° Du montant des bourses et portions de bourse que le département, ou les départements réunis pour l'entretien de l'école, l'Etat, les communes et les particuliers ont fondées à cette école;

9° Des portions de bourse à la charge des familles des élèves;

10° De la pension des élèves libres;

11° Du produit de la rétribution annuelle à payer par les élèves-maîtres non boursiers pour les diverses fournitures de livres, papier, plumes, instruments de mathématiques et autres objets que leur fait l'école normale.

12° Du produit de la rétribution mensuelle des élèves qui fréquentent l'école primaire annexée à l'école normale, lorsque celle-ci est chargée de pourvoir aux dépenses de cette école primaire.

Recettes extraordinaires.

247. Les recettes extraordinaires sont destinées à acquitter celles des dépenses de l'école normale primaire qui, par leur nature, ne sont pas susceptibles de se renouveler annuellement.

Détail de ces recettes.

248. Ces recettes se composent:

10.

1° De l'allocation qui est fournie par le département, et, lorsqu'il y a lieu, par les départements réunis, pour l'entretien de l'école ;

2° De la subvention que le ministre de l'instruction publique alloue sur les fonds de l'Etat ;

3° Des subventions que peuvent voter les conseils municipaux.

Dépenses des écoles normales.

249. Les dépenses des écoles normales se divisent en dépenses ordinaires et dépenses extraordinaires.

Dépenses ordinaires.

250. On appelle dépenses ordinaires celles qui, par leur nature, sont susceptibles de se renouveler annuellement.

Détail de ces dépenses.

251. Ces dépenses sont :

1° Le traitement du directeur ;

2° Le traitement des maîtres adjoints ;

3° Le traitement des maîtres d'étude, répétiteurs ou surveillants ;

4° Les gages du portier ;

5° Les frais de location du bâtiment où l'école est placée ;

6° L'entretien et la conservation des bâtiments ;

7° L'entretien du mobilier ;

8° L'achat de livres et d'instruments de mathématiques, pour l'usage journalier des élèves boursiers;

9° L'entretien des instruments scientifiques et les frais de manipulations chimiques;

10° Les frais de papier, plumes, encre, etc., pour la commission de surveillance, le directeur de l'école et les élèves-maîtres boursiers;

11° L'abonnement au *Journal général de l'instruction publique*;

12° Les frais d'assurance contre l'incendie des bâtiments et du mobilier;

13° L'achat de livres, instruments de mathématiques, papier, plumes, encre, etc., pour les élèves-maîtres pensionnaires, lorsque l'école s'est chargée de les leur fournir moyennant une rétribution annuelle;

14° Les dépenses de l'école annexe, lorsque l'école normale, percevant la rétribution mensuelle des élèves pour son compte, est chargée de pourvoir à ces dépenses;

15° La nourriture, le blanchissage, le chauffage, l'éclairage, l'entretien des élèves-maîtres et des maîtres admis à la table commune; les honoraires du médecin, le salaire du cuisinier, des domestiques, les dépenses d'infirmerie et autres auxquelles il doit être pourvu avec le produit des bourses et pensions;

16° Les bourses des élèves-maîtres externes, lorsque leur religion ou l'exiguïté des locaux met dans la nécessité d'en recevoir dans les internats;

17° Les bourses des élèves-maîtres dans les externats;

18° Les frais de chauffage et d'éclairage dans les externats;

19° Les autres dépenses annuelles approuvées par

le ministre de l'instruction publique, et pour lesquelles le conseil général a voté une allocation ;

20° Les dépenses imprévues jusqu'à concurrence
de la somme fixée par le ministre de l'instruction
publique, suivant l'importance des écoles.

Dépenses extraordinaires.

252. On appelle dépenses extraordinaires celles
qui, par leur nature, ne sont pas susceptibles de se
renouveler annuellement.

Détail de ces dépenses.

253. Ces dépenses sont :

1° L'achat de livres pour la bibliothèque ;

2° L'achat des instruments d'arpentage, de physique, de chimie, des modèles de mécanique, des
cartes et globes géographiques, des collections de
zoologie, de botanique et de minéralogie nécessaires
pour l'enseignement qui doit être donné à l'école ;

3° L'achat du mobilier de l'école ;

4° Les acquisitions, constructions et réparations
extraordinaires de bâtiments ;

5° Les indemnités allouées aux instituteurs qui
suivent le cours spécial fait pour eux à l'école normale, ou les frais de leur séjour à l'école, lorsqu'ils
y sont logés et nourris ;

6° Les autres dépenses extraordinaires approuvées
par le ministre de l'instruction publique, et pour
lesquelles le conseil général a voté une allocation, ou
qui, en cas d'insuffisance de ressources départementales, doivent être acquittées avec les fonds de l'État.

Budget des recettes et dépenses des écoles normales.

254. Les dépenses des écoles normales primaires ne peuvent être faites qu'en vertu du budget de chaque exercice arrêté par le ministre de l'instruction publique , ou d'autorisations supplémentaires accordées par ce ministre.

Préparation du budget.

255. Le directeur de l'école normale présente tous les ans, dans le mois de juin, ses propositions à la commission de surveillance pour la rédaction du budget de l'année suivante.

La commission délibère sur chacune de ces propositions et consigne le résultat de ses délibérations sur les cadres du budget que le recteur de l'Académie adresse, à cet effet, au directeur de l'école.

Renseignements relatifs au nombre des élèves-maîtres qu'exigent les besoins du service.

256. Pour mettre le ministre de l'instruction publique à même de s'assurer si le nombre des élèves-maîtres qu'on propose de recevoir à l'école normale est suffisant pour satisfaire aux besoins du service, le budget porte l'indication :

1º De la population du département ou de chacun des départements réunis pour l'entretien de l'école normale ;

2º Du nombre des communes dont chacun d'eux est composé ;

3º Du nombre des écoles primaires que ces communes doivent entretenir ;

4° Du nombre des écoles primaires en activité;

5° Du nombre des instituteurs nécessaires pour le renouvellement annuel;

6° Du nombre des élèves-maîtres nécessaires pour donner, dans un bref délai, des instituteurs aux communes qui en sont encore dépourvues.

Nombre des élèves-maîtres.

257. Le budget fait connaître le nombre des élèves-maîtres qu'il est nécessaire d'admettre à l'école normale, en indiquant :

1° Le nombre des boursiers qui doivent être entretenus sur les fonds départementaux ;

2° Le nombre des boursiers qui doivent être entretenus sur les fonds de l'Etat, d'après les indications qu'a données à ce sujet le ministre de l'instruction publique ;

3° Le nombre des boursiers pour l'entretien desquels les conseils municipaux auraient voté des fonds ;

4° Le nombre des boursiers qui doivent être entretenus à l'école par des particuliers ou avec le produit de fondations ;

5° Le nombre probable des élèves-maîtres pensionnaires.

Cas dans lequel il y a lieu d'augmenter le nombre des boursiers départementaux.

258. L'entretien des écoles normales primaires étant mis par la loi au nombre des dépenses à la charge des départements, le ministre de l'instruction publique peut augmenter le nombre des boursiers départementaux, s'il juge que les propositions faites à ce

(153)

sujet par la commission de surveillance , ou les allocations du conseil général , sont insuffisantes.

259. Les bourses entretenues par le département,
l'Etat, les communes ou les particuliers, sont ou entières ou divisées par fractions.

Ce fractionnement peut devenir un moyen d'émulation en offrant en perspective, aux élèves qui, la première année, n'ont qu'une légère fraction de bourse,
la jouissance pour l'année suivante d'une fraction plus
considérable ou même d'une bourse entière.

Néanmoins, comme les familles des élèves qui se
présentent pour obtenir des bourses ne jouissent en
général que de modiques revenus, il faut craindre
d'écarter les concurrents en créant un trop grand
nombre de fractions de bourses. Il importe de consulter à ce sujet les convenances locales et le degré
d'aisance de la classe de la population qui fournit le
plus habituellement des aspirants aux fonctions
d'instituteur.

260. Le prix de la bourse ou de la pension est
fixé par le ministre de l'instruction publique, après
avoir pris l'avis de la commission de surveillance,
du préfet et du recteur.

Il est destiné à payer exclusivement les frais de
nourriture, de blanchissage, de chauffage , d'éclairage, d'entretien du linge, les honoraires du médecin, tant pour les élèves-maîtres que pour les maîtres

admis à la table commune, le salaire du cuisinier et des domestiques, et les dépenses d'infirmerie.

261. Le taux de la bourse ou de la pension est basé sur l'élévation plus ou moins grande du prix des denrées dans la ville, siége de l'école, ainsi que sur le nombre des élèves-maîtres qui la fréquentent. Autant que possible, il doit rentrer dans l'une des trois classes ci-après :

$$1^{re} \text{ Classe} \dots \dots \dots 420 \text{ fr.}$$
$$2^e \quad » \quad \dots \dots \dots 360 »$$
$$3^e \quad » \quad \dots \dots \dots 300 »$$

Liste nominative des maîtres et des cours dont ils sont chargés.

262. Le budget contient le détail des divers objets de l'enseignement qui est professé dans les écoles normales primaires, et il fait connaître, en regard de chacun d'eux, le nom du maître qui est chargé de cet enseignement.

Traitement du directeur et des maîtres-adjoints.

263. Le traitement du directeur, des maîtres-adjoints et des divers employés de l'école normale est fixé par le ministre de l'instruction publique, sur la proposition de la commission de surveillance, du recteur et du préfet.

Le budget contient, avec la liste nominative des directeurs, maîtres-adjoints et autres fonctionnaires de l'école, le traitement de chacun d'eux.

Il porte aussi l'indication de ceux de ces maîtres qui, étant admis à la table commune, ne doivent recevoir en numéraire que ce qui reste de ce traitement après déduction du prix de la pension, lequel est versé directement dans la caisse de l'école.

Ressources affectées aux dépenses ordinaires des écoles normales.

264. Les ressources affectées aux dépenses ordinaires des écoles normales sont divisées en deux grandes catégories :

1° Les ressources applicables au payement des bourses et pensions;

2 Les ressources applicables au payement des traitements, au loyer de l'école, à l'entretien des bâtiments et du mobilier, aux menues dépenses pour achat de papier, livres, instruments, etc., en un mot, à toutes les dépenses ordinaires autres que celles des bourses et pensions.

Ressources applicables au payement des bourses et pensions.

265. Les ressources applicables au payement des bourses et pensions doivent être toujours égales au produit exact des bourses créées à l'école, et des pensions payées par les élèves libres. Elles sont exclusivement destinées à payer les dépenses auxquelles donnent lieu ces bourses et pensions. Aucune partie de ces ressources ne peut être détournée de cette destination pour servir à payer les autres dépenses de l'école.

Ressources applicables au payement des dépenses autres que celles des bourses et pensions.

266. Les ressources nécessaires pour acquitter les dépenses ordinaires de l'école normale, autres que celles des bourses et pensions, sont fournies intégralement par les fonds départementaux, sauf déduction des sommes allouées pour cet objet par le ministre de l'instruction publique, ou votées par les conseils municipaux, des revenus appartenant en propre à l'école, ainsi que des sommes versées par les familles des élèves.

Néanmoins, dans le cas où la somme que le département pourrait affecter à cette dépense sur le produit de l'imposition de deux centimes serait insuffisante pour l'acquitter, il y serait pourvu au moyen d'une allocation sur les fonds de l'Etat.

Rétribution annuelle des pensionnaires pour les fournitures qui leur sont faites, et retribution mensuelle des élèves de l'école annexe.

267. Le produit de la rétribution annuelle que doivent payer les élèves-maîtres non boursiers pour les diverses fournitures qui leur sont faites à l'école normale, telles que papier, plumes, encre, livres, instruments, etc., ainsi que celui de la rétribution mensuelle des élèves de l'école annexe, lorsque ses dépenses doivent être acquittées par l'école normale, sont portés par approximation en recette dans le budget de l'école normale.

Recettes extraordinaires provenant des fonds de l'Etat.

268. Dans les départements où le produit de

l'imposition de deux centimes est supérieur au montant des dépenses obligatoires de l'instruction primaire, les fonds de l'Etat peuvent fournir jusqu'à concurrence d'un cinquième au payement de celles des dépenses extraordinaires de l'école normale qui ont pour objet les acquisitions, constructions ou réparations extraordinaires des bâtiments et achat du mobilier.

Dans ceux où le produit de cette imposition est insuffisant pour acquitter les dépenses obligatoires, les fonds de l'Etat fournissent jusqu'à concurrence d'un quart au payement des dépenses extraordinaires de l'école normale. Ils peuvent même, à défaut de vote à ce sujet de la part du conseil général, acquitter intégralement toutes ces dépenses, à l'exception toutefois de celles pour acquisition et construction de bâtiments.

Cette dernière dépense ayant pour objet l'acquisition ou la construction d'un édifice départemental, le conseil général peut et doit, à défaut d'autres ressources, y affecter une allocation sur les centimes facultatifs ou sur les fonds communs jusqu'à concurrence des trois quarts de la dépense.

Inscription au budget des dépenses de l'école normale.

269. Les propositions relatives aux dépenses, tant ordinaires qu'extraordinaires, de l'école normale, dont les articles 251 et 253 donnent le détail, sont inscrites dans la deuxième partie du budget.

La commission de surveillance produit, à l'appui de ses propositions, les devis des travaux à exécuter, l'état détaillé et estimatif du mobilier, la liste des livres, celle des instruments de physique, chimie, arpentage, etc., à acquérir; en un mot, tous les documents propres à faire apprécier l'utilité et le montant des dépenses projetées. Enfin, elle annexe au projet de budget une note explicative de toutes les propositions qu'elle y a consignées.

Règle à suivre pour l'inscription au budget des traitements des maîtres admis à la table commune.

270. Lorsque le directeur ou des maîtres-adjoints sont admis à la table commune, on n'inscrit aux articles 1, 2 ou 3 du chapitre Ier des dépenses que la portion de leur traitement qui leur est payée en argent. Le prix de l'admission à la table commune doit être inscrit à l'article 11 du même chapitre.

Envoi du budget au recteur.

271. Le budget est dressé en quadruple expédition, et la note explicative en double expédition.

Aussitôt que la rédaction de ces pièces est terminée, et qu'elles sont revêtues de la signature des membres de la commission de surveillance, le président en fait l'envoi au recteur de l'académie.

Examen du budget par le conseil académique.

272. Le recteur les présente immédiatement au conseil académique qui consigne ses propositions dans la colonne ouverte à cet effet dans le budget.

Envoi du budget au préfet et au ministre.

273. Aussitôt que le conseil académique a terminé

l'examen du budget, le recteur envoie une expédition de ce budget, de la note explicative et des pièces à l'appui au préfet du département, ou de chacun des départements réunis pour l'entretien de l'école normale. Il y joint ses observations personnelles.

Il adresse en même temps au ministre de l'instruction publique deux expéditions du budget, la seconde expédition de la note explicative et une copie de ses observations personnelles sur le budget.

Présentation du budget au conseil général.

274. Le préfet remet au conseil général le projet de budget de l'école normale et les diverses pièces qui l'accompagnent. Le rapport qu'il lui adresse à ce sujet contient ses propositions relativement au vote des sommes nécessaires pour acquitter les dépenses qu'il est d'avis d'allouer.

Vote du conseil général.

275. Le conseil général consigne dans une délibération ses observations sur le projet de budget de l'école normale. Il inscrit en même temps, dans le budget des dépenses de l'instruction primaire à la charge du département, les sommes qu'il alloue tant pour les dépenses ordinaires que pour les dépenses extraordinaires de l'école normale.

Envoi du budget au ministre.

276. Le préfet transmet au ministre le budget et toutes les pièces qui lui ont été remises par le recteur, en y joignant l'extrait de son rapport au conseil général, en ce qui concerne ce budget et la délibération de ce conseil.

Examen par le Conseil royal.

277. Toutes ces pièces sont présentées au Conseil royal de l'instruction publique qui, après les avoir examinées, consigne son avis et ses observations sur les diverses recettes et dépenses dont l'allocation est demandée dans les colonnes réservées à cet effet dans le budget.

Approbation du budget par le ministre de l'instruction publique.

278. Le budget de l'école normale est ensuite réglé définitivement par le ministre de l'instruction publique qui fixe le montant de chacun des articles dont ce budget est composé.

Si plusieurs départements sont réunis pour l'entretien de l'école, il fixe en même temps la somme pour laquelle chacun d'eux doit contribuer au payement des dépenses ordinaires, autres que celles des bourses.

Envoi du budget au préfet et au recteur.

279. Une expédition du budget ainsi arrêté est adressée, par les soins du ministre de l'instruction publique, au préfet du département ou des départements réunis pour l'entretien de l'école normale, ainsi qu'au recteur de l'académie.

Celui-ci complète l'expédition de ce budget qui est restée entre ses mains, et l'envoie au président de la commission de surveillance.

Allocation des sommes nécessaires pour acquitter les dépenses de l'école normale dans le budget des dépenses départementales de l'instruction primaire.

280. En réglant le budget des dépenses départementales de l'instruction primaire, le ministre de l'instruction publique y ouvre le crédit nécessaire pour acquitter les diverses dépenses qui ont été allouées dans le budget de l'école normale.

Demande de crédits supplémentaires.

281. Les commissions de surveillance et les préfets doivent se renfermer exactement dans la limite des crédits ouverts par le ministre de l'instruction publique au budget de l'école normale. Si des augmentations de crédits étaient nécessaires, soit pour effectuer des dépenses non prévues au budget, soit pour compléter le payement de dépenses trop faiblement évaluées, l'ouverture de ces crédits devrait être demandée par une délibération de la commission de surveillance.

Ouverture de crédits supplémentaires.

282. Une expédition de la délibération, portant demande de crédits supplémentaires, doit être adressée, avec toutes les pièces à l'appui, au préfet et au recteur qui la font passer, avec leur avis, au ministre de l'instruction publique.

La décision que le ministre prend à ce sujet est adressée par lui au préfet et au recteur qui en remettent une ampliation au président de la commission de surveillance.

283. Toutes les ressources des écoles normales,
autres que celles provenant des subventions de l'Etat
et des allocations du département siége de l'école,
telles que :

1° Les arrérages des rentes sur l'Etat appartenant
à l'école ;

2° Le revenu de ses propriétés foncières ;

3° L'intérêt des fonds placés à la caisse des dépôts
et consignations ;

4° Le produit des fondations, legs ou donations;

5° Les subventions fournies, soit par les départements réunis pour l'entretien de l'école, soit par les
communes ;

6° Les bourses et portions de bourse entretenues
par les départements réunis ;

7° Les bourses créées par des communes, des associations charitables ou des particuliers ;

8° Les compléments de bourse à payer par les familles des élèves ;

9° Les pensions à payer par les élèves libres ;

10° La rétribution annuelle à payer par les élèves
maîtres non boursiers pour les diverses fournitures
de livres, papier, plumes, instruments de mathématiques et autres objets que leur fait l'école ;

11° La rétribution mensuelle des élèves qui fréquentent l'école primaire annexée à l'école normale,
lorsque celle-ci est chargée de pourvoir aux dépenses
de cette école primaire ;

12° Tous les produits quelconques affectés aux dépenses des écoles normales :

Sont centralisées au trésor par l'intermédiaire des receveurs généraux des finances.

Mode de recouvrement de ces produits.

284. Ces divers produits sont recouvrés par les receveurs généraux, sur les rôles et états de produits dressés par la commission de surveillance, rendus exécutoires par le préfet et par lui remis à ce comptable qui en opère le versement au trésor public.

Rôle des produits autres que ceux des bourses et pensions.

285. Tous les produits, autres que ceux provenant des bourses et pensions et des sommes à payer par les élèves-maîtres, sont portés dans un rôle général, qui est dressé à la fin de décembre et qui comprend toutes les recettes qui doivent avoir lieu à ces divers titres pendant l'année suivante.

Rôle supplémentaire de ces produits.

286. Si, dans le courant de l'exercice, il y avait lieu à faire quelques recouvrements de la même nature, non compris dans l'état primitif, ils deviendraient l'objet d'un état supplémentaire.

Autres titres à remettre aux receveurs généraux pour le recouvrement de ces produits.

287. Les inscriptions de rente sur l'état appartenant à l'école doivent rester déposées entre les mains du receveur général, afin qu'il puisse faire le recouvrement des arrérages.

11.

Il reste aussi détenteur des récépissés des sommes placées temporairement à la caisse des dépôts et consignations, ainsi que des baux à ferme des propriétés appartenant à l'école.

Le préfet lui fournit aussi des copies ou extraits dûment certifiés des actes par lesquels ont été faits des fondations, legs ou donations et des décisions par lesquelles ils ont été acceptés.

Rôle des bourses, portions de bourses et pensions à recouvrer par le
receveur général.

288. Dans les quinze derniers jours des mois de mars, juin, septembre et décembre, la commission de surveillance dresse l'état du montant des bourses, portions de bourse et pensions qui doit être recouvré par le receveur général pour les dépenses du trimestre suivant.

Cet état ne doit comprendre que les sommes à la charge des familles, des communes, des particuliers fondateurs de bourses, ou des départements réunis, lesquelles doivent être centralisées au trésor public.

On ne doit y comprendre ni le montant des bourses entretenues sur les fonds de l'Etat, ni celui des bourses et des portions de bourse à la charge du département dans lequel est placée l'école.

Rôle supplémentaire de ces produits.

289. Si des élèves-maîtres avaient été autorisés à entrer à l'école dans le courant du trimestre, ou si l'état trimestriel présentait quelque omission, il y aurait lieu à dresser un état supplémentaire.

Ces rôles sont dressés en triple expédition.

290. Ces divers rôles et états de produits sont dressés en triple expédition par le directeur de l'école normale.

Après avoir été vérifiés par la commission de surveillance, et rendus exécutoires par le préfet, une expédition est remise au receveur général chargé d'en poursuivre le recouvrement ; la seconde est envoyée au ministère de l'instruction publique, et la troisième reste déposée dans les bureaux de la préfecture.

Etat à fournir aux préfets des départements réunis pour l'entretien de l'école normale.

291. Lorsque deux ou plusieurs départements sont réunis pour l'entretien de l'école normale, le directeur adresse, dans les quinze derniers jours de chaque trimestre, aux préfets des départements réunis, l'état des sommes qu'ils ont à faire payer pour les bourses et portions de bourse entretenues sur les fonds départementaux pour le trimestre suivant. Le préfet délivre immédiatement un mandat pour le payement de ces sommes au nom du receveur général qui en touche le montant et s'en charge au crédit de son collègue du département où l'école normale est située.

Mode de recouvrement de la rétribution mensuelle établie sur les élèves de l'école annexe.

292. La rétribution mensuelle, établie sur les élèves de l'école primaire annexée à l'école normale,

est recouvrée mois par mois par le percepteur des
contributions directes sur un état des élèves, certifié
par le directeur de l'école normale, visé par le maire,
et rendu exécutoire par le sous-préfet.

Le percepteur verse dans la caisse du receveur
général, qui lui en donne récépissé, les sommes qu'il
a ainsi recouvrées.

Époque du payement des pensions et portions de bourse à la charge
des familles des élèves.

293. Les pensions et les portions de bourse à la
charge des familles des élèves de l'école normale
doivent être versées par trimestre, et d'avance, dans
la caisse du receveur particulier des finances de l'arrondissement, ou du receveur général qui remet en
échange un récépissé de ce versement.

Surveillance à exercer par le directeur de l'école normale sur le payement
des sommes à la charge des familles des élèves.

294. Dans les premiers jours de chaque trimestre,
le directeur de l'école normale se fait représenter le
récépissé du versement qui a dû être fait par les familles des élèves pensionnaires ou jouissant d'une
portion de bourse, et, dans le cas où ce récépissé
ne pourrait lui être présenté faute de payement, il
écrirait aux parents ou tuteurs des élèves pour les
inviter à effectuer immédiatement ce payement.

Le directeur écrit aux retardataires avant de faire diriger contre eux
des poursuites.

295. Les parents ou les correspondants qui, après
deux avertissements, seraient encore en retard de

payer ce dont ils sont redevables, sont prévenus par le directeur que des poursuites vont être dirigées contre eux s'ils ne payent pas dans un délai fixé à raison de l'éloignement où ils se trouvent de l'école.

Le directeur se concerte avec le receveur général pour hâter
les rentrées et faire diriger les poursuites.

296. Le directeur de l'école normale invite le receveur général à lui remettre, à la fin de chaque mois, la liste des élèves retardataires ; il lui donne connaissance des démarches qu'il a faites auprès d'eux pour les inviter à se libérer, et il s'entend avec lui au sujet des poursuites qu'il peut être nécessaire de diriger contre ceux qui ne se mettent pas en mesure de payer les sommes dont ils sont redevables envers l'école.

Les poursuites sont dirigées par les receveurs généraux.

297. Les poursuites qu'exige le recouvrement des pensions , des portions de bourse et des frais divers à la charge des familles, doivent être faites selon les règles du droit commun. Le soin de les exercer est confié au receveur général du département qui ne les entreprend qu'après s'être concerté à ce sujet avec le préfet du département.

Le directeur de l'école normale lui remet à cet effet l'engagement qui a été pris par les élèves et par leurs parents ou tuteurs (art. 108).

Réduction sur les sommes dues par les élèves qui sont rentrés dans leur famille pour cause de maladie.

298. Les élèves qui, en vertu d'un congé délivré par le directeur de l'école (art. 207), sont rentrés dans leur famille pour cause de maladie, doivent, lorsqu'ils sont de retour à l'établissement, présenter à la commission de surveillance un certificat constatant cette maladie et sa durée.

Cette commission examine s'il y a lieu de les dispenser de payer la pension ou la portion de bourse à leur charge pour tout le temps qu'aura duré la maladie. Sa délibération est transmise par le recteur au ministre, qui statue.

Réduction sur les sommes dues par les élèves décédés.

299. La pension ou la portion de bourse à la charge des élèves décédés cesse d'être exigible à partir du jour de leur décès s'ils sont morts à l'école, et à partir du jour de leur sortie de l'école s'ils ne sont pas morts dans l'établissement.

Réduction sur les sommes dues par les élèves renvoyés pour cause d'inconduite ou d'incapacité.

300. La pension ou la portion de bourse à la charge des élèves-maîtres renvoyés pour cause d'inconduite ou d'incapacité cesse d'être exigible à partir du jour de leur sortie de l'école.

Réduction sur les sommes dues par les élèves qui, dans le courant d'un trimestre, obtiennent une bourse ou une portion de bourse.

301. Les pensionnaires qui obtiennent, dans le courant de l'année, soit une bourse, soit une portion de bourse sont naturellement dispensés du payement de leur pension ou d'une partie de leur pension égale à la portion de bourse qui leur a été accordée à partir du jour où ils doivent commencer à jouir de cette bourse ou portion de bourse.

La même disposition est applicable aux élèves entrés à l'école avec une fraction de bourse, et qui, dans le courant de l'année, obtiennent soit une fraction de bourse plus considérable, soit une bourse entière.

Il n'y a pas lieu à réduction pour les élèves qui sortent de l'école volontairement.

302. Un élève qui sort de l'école volontairement et sans motif légitime dans le courant d'un trimestre doit le trimestre entier s'il est pensionnaire ou s'il ne jouit que d'une portion de bourse.

Le directeur doit informer les parents de cette règle au moment de l'entrée de leur fils à l'école normale.

Dispense de payement en faveur des élèves insolvables.

303. Sur la proposition de la commission de surveillance, accompagnée de l'avis du préfet et du recteur, le ministre de l'instruction publique peut dispenser du payement de la portion de bourse à leur charge les parents des élèves qui sont notoirement insolvables.

La décision du ministre fait connaître si la somme que les familles sont ainsi dispensées de payer sera acquittée par les fonds départementaux ou par les fonds de l'Etat.

Etat des dégrèvements accordés pendant le mois.

304. A la fin de chaque mois, le préfet dresse l'état du montant des dégrèvements qui auraient été accordés pendant le mois, et il en renvoie une expédition au receveur général et au ministre de l'instruction publique.

S'il n'a pas été accordé de dégrèvement dans le mois le préfet en informe le ministre.

Etat des produits destinés aux dépenses de l'école normale recouvrés pendant le mois.

305. A la fin de chaque mois le receveur général dresse l'état des produits extraordinaires destinés aux dépenses de l'école normale qui ont été recouvrés depuis l'ouverture de l'exercice jusqu'à la fin du mois, et il le remet au préfet qui le fait passer au ministre de l'instruction publique.

Un état spécial doit être dressé pour chaque exercice.

306. Les recettes affectées à deux exercices ne peuvent pas être confondues dans le même état. Il doit être dressé un état spécial pour chacun des exercices en cours d'exécution.

Relevé des sommes restant à recouvrer au 31 décembre.

307. Le 31 décembre le receveur général dresse un état des sommes restant à recouvrer sur les titres de perception qui lui ont été remis pour l'année courante. Il y indique le résultat des démarches qu'il a faites auprès des familles des élèves.

Envoi de cet état au ministre.

308. Le préfet communique cet état au directeur de l'école normale pour avoir son avis sur la position de ces élèves et sur celle de leur famille. Il le fait ensuite passer au ministre en y joignant les renseignements qu'il a pu se procurer sur les motifs de non-payement, sur la situation des retardataires et sur les probabilités de recouvrement que peut présenter chaque créance.

Examen de cet état au ministère.

309. Le ministre de l'instruction publique fait examiner cet état, et, s'il y a lieu, il accorde des dégrèvements en faveur des familles qu'il juge notoirement insolvables.

Il indique en même temps si ces dégrèvements doivent être imputés sur les fonds départementaux ou sur les fonds de l'Etat.

Relevé des sommes restant à recouvrer à la fin de l'exercice.

310. Le recouvrement des titres de perception de chaque exercice doit être complété par les receveurs généraux avant le 31 mai de la seconde année de l'exercice.

Si, à cette époque, il reste quelques sommes à recouvrer, les receveurs généraux doivent en remettre le relevé au préfet qui, après l'avoir communiqué au directeur de l'école normale pour recueillir son avis, le fait passer en double expédition au ministre de l'instruction publique en y joignant ses propositions.

Le ministre renvoie l'une de ces expéditions au préfet après y avoir indiqué :

1° La portion de l'arriéré qu'il y aurait lieu d'admettre en reprise sur l'exercice suivant ;

2° La portion dont le dégrèvement serait accordé ;

3° Celle qui devrait demeurer à la charge du receveur général s'il était démontré que le non recouvrement dût être attribué à sa négligence.

Les réductions de toute nature sur les titres de perception doivent être portées en déduction du montant de ces titres sur les états de produits.

311. Les dégrèvements de toute nature accordés sur les sommes comprises dans les titres de perception, et qui ne sont pas encore recouvrées, doivent venir en déduction du montant de ces titres de perception dans les états mensuels des produits destinés aux dépenses de l'école normale que le receveur général remet au préfet pour être transmis au ministre de l'instruction publique.

Prohibition des ressources étrangères aux crédits.

312. Les crédits affectés par le budget de l'école normale aux dépenses de cet établissement ne peuvent, sans une autorisation du ministre de l'instruction publique, être accrus par aucune ressource particulière, telle que celle qui proviendrait de la vente d'objets mobiliers ou immobiliers qui ne pourraient être réemployés.

Vente d'objets non susceptibles d'être employés.

313. Lorsque des objets mobiliers ou immobiliers

ne peuvent être réemployés et sont susceptibles d'ê-
tre vendus, la vente doit en être faite en vertu d'une
autorisation du ministre de l'instruction publique,
dans les formes prescrites.

Cette vente a lieu au profit du département ou au
profit de l'école normale, si elle est organisée en régie et si le conseil général consent à lui en abandonner le produit.·

Ordonnancement des dépenses des écoles normales primaires.

314. Le ministre de l'instruction publique met
à la disposition des préfets, par des ordonnances de
délégation, les sommes nécessaires pour les mettre
à même de faire payer, aux époques fixées par les
règlements, celles des dépenses des écoles normales
qui doivent être acquittées :

1° Avec les fonds départementaux ;

2° Avec les fonds de l'état;

3° Avec les fonds centralisés au trésor royal pour
les dépenses de ces établissements.

Les fonds à centraliser au trésor peuvent désormais être ordonnancés
avant d'être recouvrés.

315. D'après le crédit spécial qui lui est ouvert par la loi de finances de chaque exercice, le ministre peut disposer des fonds qui doivent être
centralisés au trésor royal pour les dépenses des
écoles normales primaires suivant les besoins du
service et sans attendre que le recouvrement en ait
été effectué.

Payement des dépenses.

316. Toutes les dépenses des écoles normales primaires sont acquittées par les payeurs du trésor, au moyen de mandats délivrés, sur la proposition de la commission de surveillance, par les préfets dans la limite des ordonnances de délégation qui leur ont été adressées, et des crédits ouverts au budget.

Traitement du directeur, des maîtres-adjoints et gages du portier.

317. Le traitement du directeur, des maîtres-adjoints, des maîtres d'étude et surveillants, les gages du portier, sont payables par mois sur état collectif, émargé pour quittance, dressé par la commission de surveillance et visé par le préfet.

Ce payement est soumis aux règles suivantes :

1° Les mois sont uniformément de trente jours, et les décomptes par jour se font par trentième de mois ;

2° Le traitement court à partir du jour de la prestation du serment ou de l'installation.

Il est dû jusques et compris le jour de la cessation des fonctions. Le jour du départ ou le jour du décès est admis au décompte.

3° Il n'y a pas d'interruption du traitement pendant les vacances.

4° Lorsque des congés sont accordés, le traitement, pendant la durée du congé, est fixé par décision spéciale.

5° Le traitement est retenu aux employés qui s'absentent sans congé ; si l'absence a lieu pour cause de maladie, le ministre statue.

Retenues sur les traitements au profit de la caisse d'épargne ou de la
caisse des retraites.

318. Une retenue du vingtième est exercée sur
le traitement du directeur, des maîtres-adjoints,
maîtres d'étude et surveillants.

Le produit de cette retenue est versé dans la caisse
d'épargne et de prévoyance des instituteurs, ou dans
la caisse des retraites pour les directeurs et maîtres-
adjoints qui auraient antérieurement exercé des fonctions donnant droit à la pension.

Dans ce dernier cas, le premier mois des augmentations de traitement doit aussi être versé à la
caisse des retraites.

Maîtres sur le traitement desquels ne doit pas être exercée la
la retenue.

319. Le traitement des maîtres qui ne sont pas
exclusivement attachés à l'école et qui n'y donnent
que quelques heures de leçons par semaine, tels que
les maîtres chargés de l'instruction morale et religieuse, de l'enseignement de l'écriture, de la gymnastique, des notions pratiques d'agriculture et de
la greffe et taille des arbres, des notions de comptabilité communale et de la rédaction des actes de
l'état civil, etc., n'est pas sujet à la retenue.

Loyer des bâtiments.

320. Le loyer des bâtiments dans lesquels l'école
normale est placée doit être consenti par baux ou
conventions écrites.

Il est acquitté sur mandat délivré au nom du propriétaire. Une copie du bail y est annexée. La quittance doit être timbrée.

Entretien des bâtiments, du mobilier, des instruments ; frais de manipulations chimiques, menues dépenses de papier, plumes, encre, livres, instruments pour l'usage journalier des élèves-maîtres.

321. L'entretien des bâtiments, du mobilier, des instruments ; les frais des manipulations chimiques, les achats de livres et d'instruments pour l'usage journalier des élèves boursiers, ainsi que les menues dépenses de papier, plumes, encre, etc., destinés aux mêmes élèves et à la commission de surveillance, sont acquittés sur les mémoires des ouvriers et fournisseurs, dressés sur papier timbré, approuvés par la commission de surveillance, et arrêtés par le préfet.

Le mandat est délivré au nom de l'ouvrier qui a fait les travaux, du fournisseur ou du directeur, si celui-ci avait fait l'avance de cette dépense.

Achat de mobilier, achat de livres et d'instruments pour la bibliothèque et les cabinets et collections, abonnement au *Journal général de l'Instruction publique.*

322. Les achats de mobilier, les achats de livres et d'instruments pour la bibliothèque et les cabinets et collections, l'abonnement au *Journal général de l'instruction publique*, sont acquittés sur les mémoires des fournisseurs, dressés sur papier timbré, approuvés par la commission de surveillance, et arrêtés par le préfet.

Le mandat est délivré au nom du fournisseur ou du directeur, si celui-ci avait fait l'avance de cette dépense.

Il doit être accompagné du certificat du directeur

ou de l'économe, constatant la réception des objets et leur inscription sur l'inventaire du mobilier, ainsi que celle des livres et instruments, sur les catalogues.

Acquisition.

323. Les acquisitions d'immeubles doivent être préalablement autorisées par une ordonnance royale approbative du prix et des principales conditions du contrat.

Le prix en est acquitté par mandat du préfet, délivré au nom du vendeur; une copie de l'acte de vente est annexée au mandat.

Constructions ou réparations extraordinaires des bâtiments.

324. Les constructions ou réparations extraordinaires des bâtiments de l'école normale sont acquittées par mandat du préfet, délivré au nom de l'entrepreneur, qui doit produire à l'appui du mandat :

1° Le certificat d'avancement des travaux délivré par l'architecte ;

2° Le procès-verbal de réception des travaux dressé par l'architecte ;

3° La copie ou l'extrait certifié de l'acte d'adjudication des travaux, ainsi que des marchés ou conventions, si les travaux sont exécutés par abonnement;

4° Le mémoire des entrepreneurs, certifié, réglé, quittancé et visé.

Ces deux dernières pièces doivent être sur papier timbré.

12

Bourses et pensions.

325. Le prix des bourses et pensions des élèves-maîtres et des maîtres admis à la table commune est payé, tous les mois, au directeur ou à l'économe, sur la remise de l'état des élèves et des maîtres qui ont été présents à l'école pendant le mois.

Cet état doit être certifié par la commission de surveillance et visé par le préfet.

A-compte sur le montant des bourses et pensions.

326. Des à-compte sur le montant des bourses et pensions peuvent être payés dans le mois, sur la proposition de la commission de surveillance qui en fixe la quotité.

La proposition d'à-compte, faite par la commission de surveillance et visée par le préfet, doit être annexée au mandat de payement qui est délivré au nom du directeur ou de l'économe.

Formalités à remplir lorsque le service des bourses a lieu à forfait.

327. Si le service des bourses a lieu à forfait, le mandat doit être accompagné d'un extrait du marché fait entre le préfet et la personne chargée de ce service. Les quittances doivent être timbrées.

Rétribution annuelle des élèves pensionnaires pour les fournitures qui leur sont faites par l'école.

328. La rétribution annuelle, due à l'école normale par les pensionnaires pour les fournitures qui leur ont été faites, est acquittée au moyen d'un mandat délivré par le préfet, sur la proposition de la commission de surveillance, au nom du directeur ou de l'économe qui produit, à l'appui de ce mandat, un état nominatif de ces élèves certifié par cette commission et visé par le préfet.

Rétribution mensuelle des élèves de l'école annexe.

529. Lorsque l'entretien de l'école primaire, annexée à l'école normale, est à la charge de ce dernier établissement, le produit de la rétribution mensuelle des élèves de l'école primaire est acquitté au moyen d'un mandat délivré par le préfet, sur la proposition de la commission de surveillance, au nom du directeur ou de l'économe qui produit, à l'appui de ce mandat, un relevé du montant des rôles mensuels certifié par cette commission et visé par le préfet.

Si, au contraire, l'entretien de cette école n'est pas à la charge de l'école normale, les dépenses en sont acquittées au moyen des mandats délivrés par le préfet, sur la proposition de la commission de surveillance, au nom des maîtres chargés de l'enseignement et des fournisseurs.

Indemnité aux instituteurs en exercice qui suivent le cours spécial fait pour eux à l'école normale.

530. L'indemnité allouée aux instituteurs en exercice, pour les mettre à même de suivre le cours spécial fait pour eux à l'école normale, est payée au moyen d'un mandat délivré par le préfet, sur la proposition de la commission de surveillance, au nom du directeur qui produit, à l'appui de ce mandat, un état nominatif de présence émargé pour quittance

12.

par chaque instituteur, dressé par la commission de surveillance et visé par le préfet.

Mode de payement lorsque les instituteurs sont logés et nourris à
l'école normale.

331. Lorsque les instituteurs en exercice, admis à suivre le cours spécial fait pour eux à l'école normal, sont logés et nourris dans cet établissement, l'indemnité, qui leur est allouée, est divisée en deux parties destinées, l'une à les indemniser des frais de voyage pour l'aller et le retour, et l'autre, à payer les frais de nourriture, éclairage, etc.

Le mandat, ayant pour objet le payement de la première partie de cette indemnité, est délivré conformément aux règles tracées par l'article précédent.

Le mandat, ayant pour objet le payement de la seconde partie de cette indemnité, est délivré par le préfet, sur la proposition de la commission de surveillance, au nom du directeur ou de l'économe qui produit, à l'appui de ce mandat, un état nominatif de ces instituteurs, certifié par cette commission et visé par le préfet.

Remboursement des sommes versées par les élèves qui sont rentrés
dans leurs familles pour cause de maladie.

332. Lorsque les élèves qui sont rentrés dans leur famille pour cause de maladie, et auxquels le ministre a accordé pour ce fait un dégrèvement, conformément aux dispositions de l'article 298, ont versé chez le receveur général le montant de la pension ou de la portion de bourse à leur charge, pour le trimestre auquel s'applique ce dégrèvement, le payement en est effectué, si le montant pour ce trimestre de leur pension, ou de la portion de bourse à leur charge, n'a pas encore été versé dans la caisse de l'école, au moyen de mandats délivrés par le préfet, sur la proposition de la commission de surveillance, et payables par le payeur du trésor royal.

Néanmoins, si ces élèves avaient encore des versements à faire dans la caisse du receveur général pour les trimestres subséquents, on pourrait se dispenser d'opérer ces remboursements qui viendraient en déduction des sommes que ces élèves auraient encore à payer à l'école. L'état du montant des sommes à recouvrer sur les élèves, qui est remis tous les trois mois au receveur général (art. 288), ferait alors mention de cette déduction et des motifs pour lesquels elle est opérée.

Remboursement des sommes versées par des élèves-maîtres décédés.

333. Lorsque la famille d'un élève-maître, décédé avant d'avoir complété le cours de ses études, a versé chez le receveur général le montant de la pension, ou de la portion de bourse à sa charge, pour le trimestre pendant lequel le décès ou la sortie de l'école de l'élève décédé a eu lieu, le dégrèvement auquel elle a droit, conformément aux dispositions de l'article 299, lui est payé, si le montant pour ce trimestre de cette pension, ou de la portion de bourse à la charge de cet élève n'a pas encore été versé dans la caisse de l'école, au moyen d'un mandat délivré par le préfet, sur la proposition de la commission de surveillance, et payable par le payeur du trésor royal.

Remboursement des sommes versées par des élèves renvoyés pour cause d'inconduite ou d'incapacité.

334. Lorsque les familles des élèves qui sont renvoyés pour cause d'inconduite ou d'incapacité ont versé chez le receveur général le montant de la pension ou de la portion de bourse à leur charge, pour le trimestre pendant lequel ce renvoi a eu lieu, le dégrèvement, auquel elles ont droit, conformément aux dispositions de l'article 300, leur est payé, si le montant pour ce trimestre de cette pension, ou de la portion de bourse à la charge de la famille de ces élèves, n'a pas encore été versé dans la caisse de l'école, au moyen d'un mandat délivré par le préfet, sur la proposition de la commission de surveillance, et payable par le payeur du trésor royal.

Remboursement de sommes payées par des élèves qui obtiennent une bourse entière ou une fraction de bourse plus forte que celle dont ils jouissaient.

335. Lorsque des élèves pensionnaires auxquels il est accordé, soit une bourse entière, soit une portion de bourse, ont versé dans la caisse du receveur général le montant de leur pension pour le trimestre dans lequel ils devaient commencer à jouir de cette bourse, ou de cette portion de bourse, le remboursement, auquel ils ont droit, conformément aux dispositions de l'article 301, est effectué, si le montant de leur pension pour ce trimestre n'a pas encore été versé dans la caisse de l'école, au moyen d'un mandat délivré par le préfet, sur la proposition de la commission de surveillance, et payable par le payeur du trésor royal.

La même marche doit être suivie à l'égard des élèves qui, ne jouissant que d'une fraction de bourse, ont obtenu, soit une bourse entière, soit une fraction de bourse plus considérable, et qui ont versé dans la caisse du receveur général le montant de la portion de bourse qui était à leur charge avant que cette faveur leur fût accordée. Le remboursement auquel ils ont droit est effectué d'après les mêmes principes.

Néanmoins, si quelques-uns de ces élèves ne jouissaient point d'une bourse entière, et qu'ils eussent des versements à faire dans la caisse du receveur général pour le payement, pendant les trimestres subséquents, de la portion de bourse à leur charge, on pourrait se dispenser d'opérer ces remboursements qui viendraient en déduction des sommes que ces élèves auraient encore à payer à l'école. L'état du montant des sommes à recouvrer sur les élèves, qui est remis tous les trois mois au receveur général (art. 288), ferait alors mention de cette déduction et des motifs pour lesquels elle est opérée.

Refus de payement d'un mandat par un payeur.

356. Le payement d'un mandat ne peut être suspendu par le payeur que pour cause d'omission ou d'irrégularité matérielle dans les pièces produites.

Il y a irrégularité matérielle toutes les fois que la somme portée dans le mandat n'est pas d'accord avec celle qui résulte des pièces justificatives y annexées, ou lorsque ces pièces ne sont pas conformes aux règlements et instructions.

En cas de refus de payement, le payeur est tenu

de remettre immédiatement la déclaration écrite et motivée de son refus au porteur du mandat. Si, malgré cette déclaration, le préfet requiert, par écrit et sous sa responsabilité, qu'il soit passé outre au paye-ment, le payeur y procède sans autre délai, et en rend compte au ministre des finances.

Le préfet rend compte immédiatement au ministre des circonstance et des motifs qui ont nécessité, de sa part, l'application de cette mesure.

Virement de crédit.

337. Lorsque, par l'effet de l'ouverture d'un cré-dit supplémentaire, l'allocation portée au budget dé-partemental pour les dépenses de l'école normale est reconnue insuffisante, l'augmentation d'allocation et le virement du crédit nécessaires pour couvrir cette dépense doivent être autorisés par le ministre de l'instruction publique.

La décision est notifiée au préfet et au payeur qui la produit à la Cour des comptes avec la copie du budget départemental.

Délai pour la délivrance des mandats de payement.

338. Toutes les dépenses d'un exercice, payables sur les fonds du département, doivent être man-datées avant l'expiration du cinquième mois (31 mai) de la seconde année dudit exercice.

Délai pour le payement des mandats.

339. Les mandats de payement sont payables par le trésor public jusqu'au dernier jour inclus du sixième mois (30 juin) de la seconde année de l'exercice, et jusqu'au vingtième jour inclus de ce même mois (20 juin) dans les arrondissements où il n'existe pas de payeur du trésor.

Annulation des mandats non acquittés à cette époque.

340. Les mandats non acquittés au 3o juin de la seconde année de l'exercice auquel ils s'appliquent sont annulés ; les crédits ou portions de crédits sur lesquels ils étaient imputés cessent d'être à la disposition des préfets, et font retour au crédit de service sans préjudice des droits des créanciers et sauf réordonnancement.

Durée de l'exercice pour les dépenses imputables sur les fonds de l'état et sur les fonds centralisés au trésor.

341. La clôture de l'exercice pour les fonds de l'état et pour les fonds centralisés au trésor n'a lieu que le 3i octobre de la seconde année de cet exercice.

Les mandats payables sur ces fonds peuvent être délivrés jusqu'au 3o septembre. Ils sont payables par le trésor jusqu'au 3i octobre et jusqu'au 20 octobre dans les arrondissements où il n'existe pas de payeur du trésor.

Payement des mandats annulés et des dépenses arriérées pour lesquelles il n'avait pas encore été délivré de mandat.

342. Le montant des mandats annulés , ainsi que celui des dépenses arriérées pour lesquelles il n'aurait pas été délivré de mandat de payement à la clôture de l'exercice , sont portés, s'il s'agit de dépenses à la charge du département, sur le budget de l'année qui suit celle de la clôture de l'exercice, comme dette départementale. Le payement en est effectué aussitôt l'ouverture du nouvel exercice, conformément aux règles tracées par les articles qui précèdent pour les dépenses de la même nature.

S'il s'agit de dépenses imputables sur les fonds centralisés au trésor, les fonds restés libres sont cumulés avec ceux qui doivent être recouvrés pendant l'année qui suit celle de la clôture de l'exercice, et le payement en est effectué sur ces fonds ainsi cumulés, aussitôt l'ouverture du nouvel exercice, en se conformant aux règles tracées par le précédent article.

Enfin, s'il s'agissait de dépenses imputables sur les fonds de l'état elles devraient être inscrites sur le relevé des sommes restant à payer à la clôture de l'exercice et elles seraient payées sur l'exercice courant comme dépenses d'exercices clos.

Reversements à effectuer par les anciens boursiers du département qui ne tiennent pas les conditions de leur engagement.

343. Lorsque d'anciens élèves d'une école normale ayant joui, soit d'une bourse entière, soit d'une portion de bourse à la charge du département, sont signalés au préfet comme ne remplissant pas les conditions de leur engagement, ils sont tenus de rembourser le montant de la bourse ou de la portion de bourse dont ils ont joui, conformément aux dispositions des articles 123 et 124.

Le préfet dresse un état des sommes à rembourser par ces élèves ou par leur famille, et si le conseil général n'a pas consenti à faire l'abandon à l'école normale des sommes provenant des remboursements de cette nature, il remet cet état au receveur général, après l'avoir rendu exécutoire, pour que ce comptable en fasse le recouvrement ; il en envoie en même temps une copie au ministre.

Les sommes ainsi recouvrées accroissent d'autant les fonds affectés aux dépenses de l'instruction primaire à la charge du département. Le montant en est rétabli au crédit du ministre de l'instruction publique, sous le titre de *Produits éventuels départementaux affectés aux dépenses de l'instruction primaire.* Il est ensuite rendu au département au moyen d'ordonnances de délégation.

Si, au contraire, le conseil général a fait l'abandon à l'école normale des sommes provenant des remboursements de cette nature, le recouvrement en est fait par le directeur ou l'économe de l'école normale conformément aux règles tracées au titre 12.

Poursuites.

344. Si les débiteurs refusent de se libérer, et si le ministre autorise à diriger des poursuites contre eux, le préfet doit faire intenter ces poursuites d'urgence sans délibération du conseil général, ni autorisation préalable du roi en son conseil d'État.

En cas d'opposition de la part des redevables, ces oppositions, lorsque la matière est de la compétence des tribunaux ordinaires, sont jugées comme affaires sommaires.

Les lois, en réglant que les rôles et états de produits des ressources éventuelles départementales sont rendus exécutoires par les préfets, autorisent les poursuites par voie administrative, c'est-à-dire, comme en matière de contributions directes. Les receveurs généraux font provisoirement l'avance, avec leurs fonds personnels, des frais que les poursuites peuvent exiger, et ils se pourvoient immédiatement auprès du préfet pour en obtenir le remboursement sur les fonds du budget départemental. Le recouvrement des frais sur les redevables s'effectue ensuite à titre de produits éventuels départementaux, en vertu d'états rendus exécutoires par le préfet.

Compte d'administration des dépenses de l'école normale.

345. Le préfet présente tous les ans, au conseil général, le compte d'administration des recettes et dépenses de l'école normale pendant l'année précédente, avec celui des autres recettes et dépenses relatives à l'instruction primaire.

Examen de ce compte par le conseil général.

346. Le conseil général entend et débat ce compte. Les observations auxquelles il donne lieu sont adressées directement, par son président, au ministre de l'instruction publique.

Approbation du compte par ordonnance royale.

347. Le compte des recettes et dépenses de l'école normale, après avoir été provisoirement arrêté par le conseil général, est définitivement réglé par ordonnance royale avec le compte des autres recettes et dépenses relatives à l'instruction primaire.

Impression des budgets et des comptes.

348. Le budget et le compte des recettes et dépenses de l'instruction primaire à la charge du département, dans lesquels sont comprises les recettes et dépenses de l'école normale primaire, après avoir été définitivement réglés, sont rendus publics par la voie de l'impression.

TITRE DOUZIÈME.

COMPTABILITÉ INTÉRIEURE DES ÉCOLES NORMALES PRIMAIRES.

Recettes des écoles normales primaires.

349. Les recettes des écoles normales primaires se composent :

1° Des sommes payées par les départements pour les bourses et portions de bourse qu'ils entretiennent à l'école normale ;

2° Des sommes payées par l'État pour les bourses et portions de bourse qu'il entretient à l'école normale ;

3° Des sommes payées par les communes, par les particuliers ou par les associations charitables pour les bourses et portions de bourse qu'ils entretiennent à l'école normale ;

4° Des compléments de bourse à la charge des familles des élèves ;

5° Des pensions des élèves non boursiers ;

6° De la pension des maîtres admis à la table commune ;

7° De la rétribution annuelle payée par les élèves non boursiers pour les fournitures de livres, instruments, papier, plumes, encre, etc., qui leur sont faites par l'école ;

8_0 De la rétribution mensuelle payée par les élèves de l'école annexe lorsque ses dépenses sont à la charge de l'école normale et de la subvention fournie, soit par la ville, soit par le département dans le cas où le produit de la rétribution mensuelle serait insuffisant pour acquitter ces dépenses ;

9° De la somme payée par le département pour le traitement de l'économe, si le conseil général exige que l'économat soit confié à une personne autre que le directeur ou l'un des maîtres adjoints ;

10o De la pension des instituteurs admis à suivre le cours spécial fait pour eux, à l'école normale lorsqu'ils sont logés et nourris à l'école ;

11° Des reversements effectués par les anciens élèves boursiers de l'Etat, des communes, des particuliers et des associations charitables, ainsi que par les élèves non boursiers lorsqu'ils ne remplissent pas les conditions de l'engagement qu'ils ont contracté en entrant à l'école ;

12° Des reversements effectués par les anciens élèves boursiers du département lorsqu'ils ne remplissent pas les conditions de l'engagement qu'ils ont contracté en entrant à l'école, et que le conseil général consent à faire l'abondon à l'école normale des sommes qui sont dues à ce titre ;

13° De la vente du mobilier réformé.

Dépenses des écoles normales primaires.

350. Les dépenses intérieures des écoles normales primaires qui doivent être acquittées avec les ressources spéciales de ces établissements se composent :

1° Des dépenses de nourriture { pain et farine, viande, vin, comestibles, etc.;

2° Des dépenses de blanchissage, d'entretien des habits, du linge et des bas ;

3° Des dépenses de chauffage, éclairage, d'infirmerie, des honoraires du médecin, du salaire du cuisinier et des domestiques ;

4° Des dépenses pour achat de livres, instruments, papier, plumes, encre, etc., à fournir aux élèves non boursiers ;

5° Des dépenses de l'école annexe lorsqu'elles sont à la charge de l'école normale;

6° Du traitement de l'économe lorsque le conseil général exige que l'économat soit confié à une personne autre que le directeur ou l'un des maîtres-adjoints, et qu'il vote une allocation pour cet objet sur les fonds départementaux ;

7° Des dépenses diverses et extraordinaires autorisées par le ministre.

Nomination de l'économe.

351. Le service des recettes et des dépenses est confié, dans chaque école normale, à un économe nommé par le ministre de l'instruction publique.

Cet économe est ou le directeur de l'école normale, ou l'un des maîtres-adjoints.

L'économat peut être confié à une personne autre que le directeur ou l'un des maîtres-adjoints lorsque le conseil général en a exprimé le vœu, et qu'il a voté sur les fonds départementaux une allocation pour le traitement de l'économe.

Dans ce cas l'économe est également nommé par le ministre de l'instruction publique.

Fonctions de l'économe.

352. L'économe est comptable des recettes ; il répond de la validité des payements, de la quantité, de la qualité et de l'emploi des fournitures ; il est chargé de la caisse, de la tenue des registres, de la rédaction des états de situation, ainsi que de celle des comptes annuels.

Le mobilier, les magasins et les approvisionnements de toute nature sont entièrement à sa garde.

Durée de l'exercice.

353. La comptabilité des écoles normales primaires est établie par gestion et divisée par exercice.

L'exercice commence le 1er janvier ; il est clos et apuré le 31 mars de l'année suivante.

Mode de payement aux écoles normales des sommes qu'elles ont à recevoir.

354. Toutes les ressources affectées aux dépenses intérieures de l'école normale lui sont payées au moyen de mandats sur le payeur du trésor royal délivrés par le préfet, sur la proposition de la commission de surveillance.

Registre d'inscription des élèves de l'école normale.

355. L'économe tient un registre sur lequel sont exactement inscrits :

1° L'époque de l'entrée à l'école et celle de la sortie des élèves-maîtres boursiers et pensionnaires;

2° L'indication de leur position à l'école selon qu'ils sont boursiers du département, de l'Etat, des communes, etc., ou pensionnaires;

3° L'indication pour les boursiers de la portion de bourse dont ils jouissent, dans le cas où ils n'auraient pas une bourse entière;

4° L'adresse de leurs parents et celle de leur correspondant.

Compte ouvert aux élèves qui ne jouissent que d'une portion de bourse, et aux pensionnaires.

356. L'économe ouvre à chacun des élèves-maîtres qui ne jouissent que d'une portion de bourse, ainsi qu'à chaque pensionnnaire, un compte pour les portions de bourse et les pensions que doivent acquitter leurs parents.

Il inscrit sur ce compte, au commencement de chaque trimestre, les sommes dues par les parents de l'élève pour ce trimestre.

Il y porte la date et le montant des payements aussitôt que le récépissé des versements faits chez le receveur général lui a été présenté.

Forme de ce compte.

357. Le compte ouvert aux élèves-maîtres qui

ne jouissent que d'une portion de bourse , ainsi qu'aux pensionnaires, porte l'indication de l'adresse exacte de leurs parents et celle de leur correspondant, afin que, dans le cas de retard de payement, l'économe puisse leur faire parvenir ses réclamations. Il doit servir pendant tout le temps que l'élève passe à l'école. Les additions en sont arrêtées à la fin de chaque année.

Compte ouvert aux divers débiteurs de l'école.

358. L'économe ouvre un compte particulier à chacun des articles ci-après :

1° Bourses et pensions des élèves-maîtres et des maîtres admis à la table commune ;

2° Rétribution annuelle à payer par les élèves-maîtres pensionnaires pour les diverses fournitures de livres, papier, plumes, encre, instruments de mathématiques, etc., qui leur sont faites;

3° Rétribution mensuelle des élèves de l'école annexe ;

4° Subvention fournie par le département pour l'entretien de l'école annexe;

5° Subvention fournie par la ville pour le même objet ;

6° Allocation pour le traitement de l'économe, si le conseil général exige que l'économat soit confié à une personne autre que le directeur, ou l'un des maîtres adjoints;

7° Pension des instituteurs admis à suivre le cours spécial fait pour eux à l'école normale, lorsqu'ils sont logés et nourris à l'école ;

8° Reversement à faire, par les boursiers de l'E-

13.

tat, des communes et des particuliers, ainsi que par les pensionnaires lorsqu'ils ne tiennent pas les conditions de leur engagement;

9° Reversement à faire pour le même motif par les boursiers du département, lorsque le conseil général n'exige pas que ces sommes soient recouvrées au profit du département;

10° Vente du mobilier réformé.

Il débite chacun de ces comptes du montant des sommes dues à l'école, à mesure qu'elles lui sont acquises, et il les crédite de tous les payements qui lui sont faits pour cet objet.

Pension des maîtres admis à la table commune.

359. La somme retenue sur le traitement du directeur et des maîtres-adjoints, lorsqu'ils sont admis à la table commune, est égale au prix de la bourse ou de la pension, quel que soit le nombre de leurs repas. Elle ne doit subir aucune réduction pour leur absence pendant le mois des vacances qui, d'ailleurs, ne sont que facultatives.

Pension des élèves-maîtres pendant le troisième trimestre de chaque année.

360. La somme à verser dans la caisse de l'école pour les pensions des élèves-maîtres, pendant le troisième trimestre de chaque année, ne doit également subir aucune réduction, sur le motif que ces élèves ne sont tenus que de passer les mois de juillet et d'août à l'école. Ce versement doit toujours être égal au quart du montant de la bourse ou de la pension, les vacances n'étant que facultatives.

Reversement à effectuer par les élèves qui ne tiennent pas les conditions de leur engagement.

561. Les boursiers de l'Etat, des communes et des particuliers qui ne tiennent pas les conditions de l'engagement qu'ils ont contracté en entrant à l'école, sont tenus de rembourser, à la caisse de l'établissement, le montant de la bourse ou de la portion de bourse dont ils ont joui.

Les pensionnaires qui se trouvent dans la même position sont également tenus de rembourser le montant de leurs frais d'études.

Enfin le même remboursement doit être effectué au profit de l'école par les boursiers départementaux lorsque le conseil général n'exige pas que les sommes qui sont dues à ce titre soient recouvrées au profit du département.

Le préfet adresse à la commission de surveillance le relevé des sommes qui doivent être versées à ce titre dans la caisse de l'école avec le nom et la demeure des débiteurs, afin que l'économe en poursuive le recouvrement.

Une copie de ce relevé est envoyée au ministre de l'instruction publique.

Mode de recouvrement.

562. Aussitôt que le relevé des sommes qui doivent être versées dans la caisse de l'école a été remis à l'économe, il écrit aux divers débiteurs pour les inviter à venir se libérer dans le délai qu'a fixé la commission de surveillance, et il les prévient que s'ils ne se conforment pas à cette invitation des poursuites seront dirigées contre eux.

Il communique les réponses des débiteurs à la commission de surveillance qui peut, si elle le juge convenable, leur accorder des prolongations de délai et autoriser le payement par portions de la somme due.

L'autorisation du ministre est nécessaire pour diriger des poursuites.

363. Si les débiteurs ne se libèrent pas à l'époque qui leur a été fixée, s'ils ne demandent pas une prolongation de délai, des poursuites doivent être dirigées contre eux. Mais préalablement la commission de surveillance doit en demander l'autorisation au ministre de l'instruction publique par l'intermédiaire du recteur de l'Académie, en indiquant les démarches faites par l'économe, les résultats qu'elles ont produit, la position des débiteurs et les probabilités de recouvrement que présente chaque créance.

Sur le vu de ces pièces, le ministre décharge les débiteurs du payement des sommes dues, leur accorde de nouveaux délais ou autorise les poursuites.

Poursuites.

364. Les poursuites sont dirigées par l'économe au nom de l'école normale; elles sont faites selon les règles du droit commun.

L'économe fait provisoirement l'avance avec les fonds qui se trouvent dans la caisse de l'école, des frais que les poursuites peuvent exiger. Le recouvrement de ces frais sur les redevables s'effectue ensuite avec celui du principal de la créance.

Mode de payement des dépenses.

565. Les dépenses des écoles normales primaires, en ce qui concerne le service des bourses et pensions, sont faites par l'économe, sous la haute direction de la commission de surveillance.

Un membre de cette commission, désigné par le recteur de l'Académie, délivre les mandats de payement de ces dépenses; ils sont acquittés par l'économe.

Organisation de la gestion économique.

566. L'état de la maison et toutes les parties du service sont calculés d'après le nombre exact des élèves présents, sans compter sur l'arrivée des élèves nécessaires pour compléter le personnel que l'école peut recevoir.

Marchés pour les fournitures.

567. L'économie la plus sévère doit présider à l'achat des divers objets de consommation. Les principales fournitures ont lieu au moyen de marchés réglés par l'économe, visés par le directeur, s'il n'est pas lui-même l'économe, et approuvés par la commission de surveillance.

Cette commission décide si ces marchés doivent être faits par voie d'enchères ou de soumissions particulières. Ils doivent être renouvelés tous les ans.

Ils seront, en général, calculés de manière à ce que les livraisons n'aient lieu qu'au fur et à mesure des besoins. Les approvisionnements ne peuvent, dans aucun cas, excéder la consommation de l'année.

Achats qui ne peuvent avoir lieu par voie de soumission
ou d'adjudication.

368. La commission de surveillance désigne ceux des divers articles nécessaires à la consommation journalière de l'école qui ne peuvent être l'objet d'un marché préalable, et dont l'économe ou le pourvoyeur sont autorisés à faire eux-mêmes l'acquisition.

Nourriture des élèves.

369. La nourriture des élèves doit être saine et abondante, sans recherche ni excès ; le nombre des repas, celui des plats et la nature des aliments sont déterminés par un règlement préparé par la commission de surveillance, et approuvé par le recteur.

Une copie en est envoyée au ministre de l'instruction publique.

Table commune.

370. Le service de la table commune à laquelle le directeur et les maîtres-adjoints peuvent être admis doit être semblable à celui de la table des élèves.

Aucune personne étrangère à l'établissement ne peut être admise à la table commune. Cette table doit être servie dans le réfectoire commun et aux mêmes heures que celle des élèves.

La nourriture ne peut être payée en argent.

371. La nourriture ne peut être accordée en argent à aucune personne de l'établissement, même dans le cas de maladie.

Abonnement pour le blanchissage et l'entretien des habits et du linge.

372. Lorsque la commission de surveillance le juge convenable, le blanchissage et l'entretien des habits, du linge et des bas peuvent être faits par abonnement, en ne donnant, en général, à ces arrangements que la durée d'une année.

Dans ce cas, l'économe justifie, par des notes à l'appui des comptes, des motifs qui ont fait préférer le mode qui a été adopté.

Objets auxquels s'applique cette dépense.

373. La dépense du blanchissage et des frais de raccommodage des habits, du linge et des bas n'est autorisée que pour les élèves, les maîtres admis à la table commune, les domestiques, et pour le linge de service de la maison.

Honoraires du médecin.

374. Les honoraires du médecin peuvent être l'objet d'un abonnement annuel : la commission de surveillance en fixe le montant lorsqu'elle nomme le médecin.

Domestiques.

375. Il ne doit y avoir dans chaque école normale que le nombre de domestiques strictement nécessaire pour le service.

La commission ne doit pas perdre de vue que les instituteurs, étant destinés, en général, à habiter les communes rurales, doivent être habitués à se passer de services étrangers, que plus tard ils ne pourraient rétribuer. Ainsi ils doivent faire eux-mêmes leurs lits, nettoyer leurs habits et leurs chaussures, balayer les classes et les dortoirs, etc. (Art. 179.)

Instituteur chargé de la direction de l'école annexe. -

376. Le traitement de l'instituteur chargé de la direction de l'école primaire annexée à l'école normale est fixé par la commission de surveillance, qui règle en même temps toutes les autres dépenses de cette école.

Cet instituteur est choisi, comme les maîtres-adjoints de l'école normale, par le recteur de l'académie, sur la proposition de la commission de surveillance. Ce choix doit être approuvé par le ministre de l'instruction publique. (Art. 50.)

Mandats de payement.

377. Aucune dépense faite pour le compte de l'école normale ne peut être acquittée que sur un mandat délivré par celui des membres de la commission de surveillance que le recteur de l'académie a désigné à cet effet.

Les mandats ne peuvent être délivrés que pour des fournitures faites.

378. L'ordonnateur des dépenses ne peut délivrer des mandats que pour des services faits, pour des fournitures livrées.

Mandats d'à-compte.

379. Néanmoins il peut délivrer des mandats

d'à-compte sur les fournitures dont les mémoires ne sont pas encore réglés.

Ces mandats ne peuvent excéder les cinq sixièmes de la dépense.

380. Les mandats d'à-compte ne peuvent, en aucun cas, excéder les cinq sixièmes du montant des sommes portées dans les mémoires ou factures non réglés ; ils devront être justifiés par des états de décompte établissant les quantités livrées.

Payement des objets nécessaires à la consommation journalière.

381. L'ordonnateur peut aussi autoriser l'économe à prélever dans la caisse, jusqu'à concurrence d'une somme déterminée, les fonds dont celui-ci a besoin pour l'achat des objets nécessaires à la consommation journalière de l'école normale, ou pour quelques menues dépenses imprévues, à la charge par l'économe de justifier de la dépense, au moins tous les huit jours, par des bordereaux ou des mémoires d'après lesquels sont délivrés les mandats auxquels ils restent annexés.

Gages des domestiques.

382. Les gages des domestiques, tels qu'ils sont fixés par la commission de surveillance, sont payés tous les mois sur des états émargés.

Ces états, visés par la commission de surveillance, sont produits, comme pièces de dépenses, à l'appui du compte annuel.

Remboursement des sommes payées par les élèves qui sont rentrés dans leur famille pour cause de maladie.

383. Si les élèves qui sont rentrés dans leur famille pour cause de maladie, et auxquels le ministre a accordé pour ce fait un dégrèvement, conformément aux dispositions de l'art. 298, ont versé chez le receveur général le montant de la pension ou de la portion de bourse à leur charge, pour le trimestre auquel s'applique ce dégrèvement, le payement en est effectué, si le montant pour ce trimestre de leur pension ou de la portion de bourse à leur charge a été versé dans la caisse de l'école, au moyen d'un mandat sur l'économe délivré par l'ordonnateur des dépenses.

Néanmoins, si ces élèves avaient encore des versements à faire dans la caisse du receveur général pour les trimestres subséquents, on pourrait se dispenser d'opérer ces remboursements qui viendraient en déduction des sommes que ces élèves auraient encore à payer à l'école. L'état du montant des sommes à recouvrer sur les élèves, qui est remis tous les trois mois au receveur général (art. 288), ainsi que l'état mensuel des élèves présents à l'école qui doit être annexé au mandat de payement des pensions (art. 325), feraient alors mention de cette déduction et des motifs pour lesquels elle a été opérée.

Remboursement des sommes versées par des élèves-maîtres décédés.

384. Si la famille d'un élève-maître, décédé avant d'avoir complété le cours de ses études, a versé chez le receveur général le montant de la pension ou de la portion de bourse à sa charge pour le trimestre pendant lequel le décès ou la sortie de l'école de l'élève décédé a eu lieu, le dégrèvement auquel elle a droit , conformément aux dispositions de l'article 299, lui est payé, si le montant pour ce trimestre de cette pension ou de la portion de bourse à la charge de cet élève a été versé dans la caisse de l'école, au moyen d'un mandat sur l'économe délivré par l'ordonnateur des dépenses.

Remboursement des sommes versées par des élèves renvoyés pour cause d'inconduite ou d'incapacité.

385. Si les familles des élèves qui sont renvoyés pour cause d'inconduite ou d'incapacité ont versé chez le receveur général le montant de la pension ou de la portion de bourse à leur charge pour le trimestre pendant lequel ce renvoi a eu lieu, le dégrèvement auquel elles ont droit, conformément aux dispositions de l'art. 300, leur est payé, si le montant pour ce trimestre de cette pension ou de la portion de bourse à la charge de la famille de ces élèves a été versé dans la caisse de l'école, au moyen d'un mandat sur l'économe délivré par l'ordonnateur des dépenses.

Remboursement des sommes payées par des élèves qui obtiennent une bourse entière ou une fraction de bourse plus forte que celle dont ils jouissaient.

386. Si des élèves pensionnaires auxquels il est accordé, soit une bourse entière, soit une portion de bourse, ont versé dans la caisse du receveur général le montant de leur pension pour le trimestre dans lequel ils doivent commencer à jouir de cette bourse ou de cette portion de bourse, le remboursement auquel ils ont droit, conformément aux dispositions de l'art. 301, est effectué, si le montant de leur pension pour ce trimestre a été versé dans la caisse de l'école, au moyen d'un mandat sur l'économe délivré par l'ordonnateur des dépenses.

La même marche doit être suivie à l'égard des élèves qui, ne jouissant que d'une fraction de bourse, ont obtenu, soit une bourse entière, soit une fraction de bourse plus considérable, et qui ont versé dans la caisse du receveur général le montant de la portion de bourse qui était à leur charge avant que cette faveur leur fût accordée. Le remboursement auquel ils ont droit est effectué d'après les mêmes principes.

Néanmoins, si quelques uns de ces élèves ne jouissaient point d'une bourse entière, et qu'ils eussent des versements à faire dans la caisse du receveur général pour le payement, pendant les trimestres subséquents, de la portion de bourse à leur charge, on pourrait se dispenser d'opérer ces remboursements, qui viendraient en déduction des sommes que ces élèves auraient encore à payer à l'école. L'état du montant des sommes à recouvrer par les élèves, qui est remis tous les trois mois au receveur général (art. 288), ainsi que l'état mensuel des élèves présents à l'école, qui doit être annexé au mandat de payement des pensions (art. 325), feraient alors mention de cette déduction et des motifs pour lesquels elle a été opérée.

Imputation des mandats.

387. Les mandats délivrés par l'ordonnateur font connaître celui des chapitres de dépenses énumérées à l'art. 358, sur lequel ils sont imputables.

L'ordonnateur y spécifie, en outre, les pièces justificatives qui doivent être produites par les parties prenantes.

On ne doit pas cumuler dans le même mandat des dépenses imputables sur deux chapitres différents.

Registre d'entrée et de sortie des provisions de toute nature.

388. Pour la manutention des matières, l'économe tient un registre d'entrée et de sortie des provisions de toute nature.

Ce registre est divisé en autant de comptes qu'il y a d'espèces de provisions et d'emplois divers de ces provisions. L'économe inscrit dans la première partie tous les objets entrés dans les magasins, pendant l'année, au fur et à mesure des livraisons faites par les fournisseurs, et, dans la seconde partie, le détail de l'emploi qui est fait de chaque objet.

Inventaires trimestriels.

389. Le dernier jour de chaque trimestre, l'économe fait la balance de tous les comptes ouverts sur le registre d'entrée et de sortie des provisions de toute nature, et il dresse un inventaire de tous les approvisionnements qui existent dans les magasins.

Ils sont dressés en présence d'un délégué du recteur.

390. Un membre de la commission de surveillance, désigné par le recteur, assiste, avec l'inspecteur des écoles primaires et avec le directeur lorsque celui-ci n'est pas en même temps l'économe, à l'inventaire. Il le compare avec la balance des comptes du registre de magasin et consigne sur l'inventaire le résultat du contrôle.

Journal des recettes et des dépenses.

391. Pour la manutention des deniers, l'économe est tenu d'avoir un livre-journal de caisse, dans lequel il inscrit, chaque jour et à leur date, toutes les sommes qu'il reçoit et toutes celles qu'il paye pour le compte de l'école normale.

Surveillance de l'ordonnateur des dépenses.

392. L'ordonnateur des dépenses vérifie tous les huit jours la caisse de l'économe.

A la fin de chaque mois, il balance le livre de caisse pour faire ressortir le solde débiteur.

Ce solde débiteur, c'est-à-dire la différence entre le montant du débit, ou le résultat des recettes, et le montant du crédit ou le résultat des dépenses, doit toujours présenter exactement le montant des espèces réellement existantes dans la caisse. Ce solde est reporté au commencement de chaque mois, avant le premier article de recette du mois.

Le livre-journal de caisse indique d'une manière distincte les recettes et les dépenses des deux exercices en cours d'exécution.

393. La comptabilité des écoles normales étant établie par exercice, et la clôture de l'exercice ayant lieu le 31 mars de la seconde année, il en résulte que, pendant les trois premiers mois de chaque année, il y a deux exercices en cours d'exécution. Le livre-journal de caisse doit faire connaître d'une cettes et les dépenses affectées à chaque exercice. La colonne destinée à présenter l'indication de ces recettes et de ces dépenses doit être, en conséquence, subdivisée en deux colonnes, l'une pour l'exercice ouvert le premier janvier de l'année précédente, et l'autre pour l'exercice ouvert le premier janvier de l'année courante.

Ce livre de caisse présente, en outre, deux séries non interrompues de numéros, l'une pour les articles de recette, l'autre pour les articles de dépense.

Sommier ou livre de dépouillement du livre-journal de caisse.

394. L'économe tient en outre un sommier, ou livre de dépouillement des recettes et des dépenses inscrites au livre-journal de caisse dans lequel il classe, par chapitres, et en les divisant par exercice, toutes les recettes et toutes les dépenses.

Soins à porter dans la tenue du sommier.

395. L'économe transcrit sur le sommier, jour par jour, article par article, les recettes et les dépenses inscrites au livre-journal de caisse.

A la fin de chaque mois, il additionne les sommes portées dans chaque colonne pendant le mois.

Ces additions doivent comprendre les totaux des mois antérieurs, de telle sorte que le sommier puisse servir, non-seulement à contrôler les opérations de la caisse, mais à faire connaître, à toutes les époques de l'année, les sommes reçues ou payées pour chaque chapitre de recette ou de dépense.

14

Le sommier est vérifié tous les mois par l'ordonnateur des dépenses.

396. A la fin de chaque mois l'ordonnateur des dépenses se fait représenter le sommier, il en compare les totaux avec ceux du livre-journal de caisse, et, après s'être assuré de leur conformité et de leur exactitude, il vise ces deux livres et en arrête les totaux.

Vérification trimestrielle de la caisse.

397. A la fin de chaque trimestre le commissaire que le recteur de l'Académie a chargé d'assister à l'inventaire conjointement avec l'inspecteur des écoles normales primaires, et avec le directeur de l'école normale, lorsque celui-ci ne remplit pas les fonctions d'économe, procède à la vérification de la caisse, et il en consigne le résultat, tant sur le livre-journal de caisse que sur le sommier.

Versement à la caisse des dépôts et consignations des sommes qui ne doivent pas être employées immédiatement.

398. Si, à l'époque de la vérification mensuelle et trimestrielle de la caisse, l'ordonnateur des dépenses ou le commissaire désigné par le recteur reconnaissent qu'il existe dans la caisse des fonds qui ne seraient pas immédiatement nécessaires pour assurer le service courant, ils doivent proposer à la commission de surveillance de les faire verser à la caisse des dépôts et consignations.

Les mandats ou ordres de dépôt et les demandes de retrait sont signés par le président de la commission de surveillance.

Comptes oüverts aux diverses fournitures.

599. Indépendamment du livre de magasin, l'économe tient un registre dans lequel un compte est ouvert aux diverses fournitures dont s'approvisionne l'école normale.

Ces comptes doivent correspondre à ceux du livre de magasin.

Forme de ces comptes.

400. Chaque compte doit être tenu par débit et crédit. Toutes les fois qu'un fournisseur livre à l'école les achats qui lui ont été faits, on porte cette livraison au débit du compte correspondant, en ayant soin de relater la date de la livraison, le nom du fournisseur, la quantité, la qualité, le prix et le montant de la fourniture.

On porte au crédit de chaque compte, au fur et à mesure qu'ils sont effectués, les payements qui sont faits par l'école à valoir sur chaque fourniture ou pour solde.

L'économe se borne à donner un reçu des fournitures.

401. Les livraisons des fournisseurs sont constatées par l'enregistrement de ces fournitures au débit des comptes qui leur sont ouverts. L'économe peut leur délivrer, s'ils le désirent, des reçus de ces fournitures après qu'elles ont été vérifiées lors de leur entrée en magasin. Mais, dans aucun cas, il ne peut être fait aucun payement aux fournisseurs

en bons sur la caisse, ou en effets souscrits par l'é-
conome.

Les comptes ouverts aux diverses fournitures sont vérifiés tous les mois
par l'ordonnateur des dépenses.

402. A la fin de chaque mois, l'ordonnateur des dépenses se fait représenter les registres des comptes ouverts aux diverses espèces de fournitures. Il compare le débit de ces divers comptes avec celui des comptes du livre de magasin, et il s'assure que tous les payements des fournisseurs qui ont été effectués dans le mois sont inscrits au crédit de ces comptes.

Vérification trimestrielle des comptes ouverts aux diverses fournitures.

403. Les comptes ouverts aux diverses fournitures sont aussi à la fin de chaque trimestre l'objet de la vérification du commissaire nommé par le recteur de l'Académie, de l'inspecteur des écoles primaires et du directeur de l'école normale, lorsque celui-ci ne remplit pas les fonctions d'économe.

Le résultat de cette vérification est consigné dans un procès-verbal qui présente en même temps les résultats de la vérification du livre de magasin et du livre-journal de la caisse.

Une copie de ce procès-verbal est envoyée par l'intermédiaire du recteur, au ministre de l'instruction publique.

Envoi trimestriel des pièces présentant la situation financière de l'école.

404. Au commencement de chaque trimestre

l'économe fait passer au ministre de l'instruction publique, par l'intermédiaire du recteur :

1° L'inventaire général des objets en magasin ;
2° L'état des dettes de l'école ;
3° L'état des sommes qui lui sont dues ;
4° Le bordereau des recettes et dépenses pendant le trimestre précédent.

Forme des bordereaux trimestriels des recettes et dépenses.

405. Le bordereau trimestriel des recettes et des dépenses fait connaître sommairement les recouvrements et les payements faits pendant le trimestre précédent, ainsi que les opérations cumulées depuis le premier janvier, jusqu'à la fin de ce même trimestre, telles qu'elles ont été détaillées sur le sommier d'après le journal de caisse.

Il présente en tête les valeurs en caisse à l'époque du 31 décembre de l'année précédente.

Il indique, pour chacun des exercices en cours d'exécution, les recouvrements et les payements effectués antérieurement au trimestre dont on présente la situation, les recouvrements et les payements faits pendant ce trimestre, enfin le total des recouvrements et des payements faits jusqu'à la fin du trimestre, c'est-à-dire toutes les opérations faites depuis le premier janvier jusqu'au dernier jour de ce trimestre.

Le bordereau du premier trimestre ne présente que les opérations faites pendant ce trimestre.

Registre pour l'inscription des objets mobiliers et pour le matériel de l'établissement.

406. Les objets mobiliers, le matériel d'enseignement, les livres pour la bibliothèque , les instruments de mathématiques, d'arpentage, de physique, de chimie, les modèles de mécanique, les collections de zoologie, de botanique et de minéralogie, les cartes et les globes géographiques ne doivent pas être portés dans le livre de magasin lequel ne doit comprendre que les articles qui ont été achetés pour la consommation.

Tous ces objets sont inscrits, au fur et à mesure de leur acquisition, sur un registre qui devient ainsi un inventaire permanent de l'école.

Annotation sur ce registre des objets réformés.

407. Lorsqu'il est nécessaire de renouveler tout ou partie du mobilier, l'économe dresse un état des objets dont la commission de surveillance propose la réforme, et un état estimatif de ceux par lesquels on doit les remplacer.

Le président de la commission remet ces états au préfet qui envoie, avec son avis au ministre, la liste des objets à reformer , et conserve celle des objets à acheter, afin de demander au conseil général, dans sa plus prochaine session, un crédit pour cette dépense.

Après que le ministre a statué, l'économe annote sa décision sur le registre du mobilier, en regard de chacun des objets réformés,

Tenue des registres.

408. Tous les registres de comptabilité , ainsi que le registre du mobilier , sont cotés et paraphés par le recteur pour les écoles normales placées au chef-lieu de l'Académie et par l'inspecteur spécial des écoles primaires pour les écoles normales placées hors de ce chef-lieu.

Ils doivent être tenus sans surcharge ni rature. La nature de chaque recette et de chaque dépense doit être indiquée dans le libelié de l'enregistrement, et leur montant doit toujours être inscrit séparément et non en masse. Les enregistrements doivent tous porter une date et ne présenter aucune interversion dans leur série.

Vérification de ces registres.

409. La commission de surveillance vérifie ces divers registres toutes les fois qu'elle le juge convenable et elle y consigne le résultat de cette vérification.

Les inspecteurs généraux des études, les recteurs, les inspecteurs d'Académie et les inspecteurs spéciaux de l'instruction primaire se font représenter ces registres lors de leurs tournées, les vérifient et y apposent leur visa.

Clôture des comptes au 31 décembre.

410. Le 31 décembre la commission de surveillance procède, en présence de l'économe, à la clôture des comptes pour l'année courante, et elle dresse un procès-verbal de cette opération qui est envoyé au ministre de l'instruction publique, par l'intermédiaire du recteur.

Clôture du livre du magasin.

411. Après avoir clos le livre du magasin, elle dresse un inventaire estimatif des approvisionnements existants au 31 décembre.

Cet inventaire présente le détail de chaque article séparément, et leur évaluation d'après le prix des factures ou marchés régulièrement approuvés.

Clôture du livre-journal de caisse.

412. En procédant à la clôture du livre-journal de caisse, la commission constate l'excédant des recettes sur les dépenses, et elle s'assure que cet excédant se trouve dans la caisse de l'école.

Vérification des comptes ouverts aux diverses fournitures et aux divers débiteurs de l'école.

413. Enfin la commission, en vérifiant les comptes ouverts aux diverses fournitures et aux divers débiteurs de l'école, constate le montant de ses dettes et de ses créances.

Ouverture des comptes nouveaux.

414. Le premier janvier, l'économe ouvre un nouveau livre de magasin, un nouveau livre-journal de caisse, et de nouveaux comptes aux diverses fournitures et aux divers débiteurs et créanciers de l'école.

Le détail des approvisionnements existant en magasin au 31 décembre, le montant des fonds en caisse à la même époque, l'état des dettes et celui des créances tels qu'ils ont été constatés par la commission de surveillance, sont portés en tête du livre du magasin, du livre-journal de caisse et des comptes ouverts aux divers débiteurs de l'école, et aux diverses fournitures qui lui ont été faites.

Comptes de deniers et de matières.

415. Dans les dix premiers jours du mois de janvier de chaque année, l'économe établit le compte des recettes et des dépenses qu'il a faites pendant l'année précédente, ainsi que les comptes de matières.

Rédaction du compte de matières.

416. Le compte de matières constate la quantité, le prix moyen d'achat, et la valeur totale des approvisionnements qui existaient dans les magasins au 31 décembre de l'année antérieure à celle du compte, de ceux qui y sont entrés, et de ceux qui en ont été retirés pendant l'année, et, enfin, de ceux qui restaient dans les magasins le 31 décembre.

Les objets récoltés dans le jardin ou dans les propriétés de l'école, et réservés pour la consommation de l'établissement, sont portés dans les comptes de matières et forment des articles spéciaux.

Rédaction du compte de deniers.

417. Le compte de deniers est rendu par année,

divisé par exercices et par chapitres de recettes et
de dépenses.

Il constate :

1° Les valeurs qui se trouvent en caisse et en por-
tefeuille au 31 décembre de l'année antérieure à
celle du compte ;

2° Le montant de toutes les sommes reçues et
payées pendant l'année, et les différentes natures de
recettes et de dépenses auxquelles elles s'appliquent;

3° Les valeurs restant en caisse au 31 décembre.

Ce compte est subdivisé en deux parties.

418. Le compte de deniers est subdivisé en deux
parties.

La première comprend, tant pour la recette que
pour la dépense, toutes les opérations faites pendant l'année pécédente et pendant le premier trimestre de l'année pour l'exercice clos le 31 mars.
Elle est un compte complet de l'exercice.

Le seconde comprend, tant pour la recette que
pour la dépense, toutes les opérations faites pendant
l'année entière. Elle sera complétée dans la première partie du compte de gestion de l'année suivante.

État des restes à recouvrer et à payer ou des créances et des dettes.

419. Les restes à recouvrer et à payer, constatés
dans la première partie du compte, étant arrêtés
après la fin de l'exercice, sont définitifs.

Les restes à recouvrer et à payer, constatés dans

la seconde partie du compte, n'étant arrêtés qu'au 31 décembre, trois mois avant la clôture de l'exercice, sont par conséquent susceptibles d'être modifiés par suite d'opérations de caisse ou de liquidations nouvelles jusqu'au 31 mars suivant.

Des états détaillés et nominatifs des restes à recouvrer et à payer ou des créances et des dettes sont annexés au compte de deniers. Chacune des créances y est désignée par *mauvaise, douteuse* et *bonne*. Ils font connaître en même temps les démarches qui ont été faites pour en obtenir le payement.

L'état des dettes en fait connaître la nature, la date et la cause du non payement.

Récapitulation du compte.

420. La récapitulation des recouvrements et des payements divisés par exercice présente l'ensemble des opérations de caisse de l'année.

La récapitulation générale est un compte sommaire par exercice ; elle fait connaître les droits constatés au profit de l'école ou de ses créanciers ; les recouvrements ou les payements effectués sur ces droits, les restes à recouvrer ou à payer.

Report sur l'exercice courant des sommes restant à recouvrer et à payer à la fin de l'exercice.

421. Les restes à recouvrer et à payer, constatés le 31 mars, au moment de la clôture de l'exercice, sont immédiatement reportés à l'exercice courant. Un chapitre spécial leur est ouvert, tant dans le compte de deniers que dans les comptes des debiteurs et des créanciers de l'école.

Pièces qui doivent être annexées aux comptes.

422. L'économe annexe aux comptes :

1° Une copie du livre-journal des recettes et des dépenses ;

2° L'état, certifié par la commission de surveillance, des reversements qui devaient être faits dans la caisse de l'école normale par les élèves qui n'ont pas tenu les conditions de leur engagement ;

3° Un état, certifié par la commission de surveillance, faisant connaître le nom des débiteurs contre lesquels des frais judiciaires ont été faits, la nature et le montant des frais à rembourser à l'école;

4° La copie, certifiée par la commission de surveillance, des décisions qui ont autorisé la vente d'objets mobiliers et des vieux matériaux hors d'usage, les procès-verbaux de ces ventes, lorsqu'elles ont été faites aux enchères publiques, les marchés passés avec les acquéreurs lorsque les ventes ont été faites de gré à gré ;

5° Un état, certifié par la commission de surveillance, indiquant, pour les débiteurs qui ont des remboursements à faire à l'école pour dégradations et objets perdus, la nature et le prix de ces objets, et le montant de ces remboursements ;

6° Pour les remboursements des capitaux placés à la caisse des dépôts et consignations, un état, certifié par la commission de surveillance, faisant connaître la date des décisions qui ont autorisé les placements, le montant des sommes placées, les époques et la quotité des remboursements ;

7º Pour les ventes de rentes, les copies, certifiées par la commission de surveillance, de la décision du ministre qui a autorisé la vente, et du bordereau de l'agent de change qui a opéré le transfert;

8º La note estimative, d'après les prix courants, certifiée par la commission de surveillance, des objets récoltés dans le jardin ou dans les propriétés de l'école et réservés pour la consommation de l'établissement;

9º Tous les mandats de payement délivrés par l'ordonnateur, acquittés par les parties prenantes, avec les mémoires ou factures des fournisseurs, certifiés et acquittés par eux et visés par la commission de surveillance. Ces mémoires ou factures doivent être revêtus d'un certificat de prise en charge signé par l'économe, et conçu ainsi qu'il suit :

Je certifie que les objets ci-dessus désignés ont été portés sur le livre de magasin.

Les mandats pour avances de frais judiciaires doivent être accompagnés des mémoires certifiés, taxés par le président du tribunal, acquittés et visés par la commission de surveillance.

Les mandats pour achats de rentes sur l'État sont accompagnés des bordereaux de l'agent de change, acquittés par lui, constatant le cours auquel l'achat a été effectué, et s'il y a lieu, des récépissés du receveur général.

Les mandats pour placement de fonds doivent être accompagnés de la copie de la délibération de la commission de surveillance qui a autorisé le placement.

Les mandats pour remboursement de pensions ou

portions de bourse en faveur des élèves qui ont quitté l'école, ou qui ont obtenu, soit une bourse entière, soit une fraction de bourse plus considérable que celle dont ils jouissaient, doivent être accompagnés d'un état, certifié par la commission de surveillance, et contenant le décompte des sommes à rembourser.

Remise des comptes et des pièces à l'appui à la commission de surveillance.

423. Ces deux comptes avec toutes les pièces détaillées dans l'article précédent, l'état des créances et des dettes de l'école et l'état des dégrèvements accordés par le ministre sur les sommes qui doivent être remboursées à l'école par les élèves qui n'ont pas tenu les conditions de leur engagement, ainsi que sur toutes les autres créances, sont remis au plus tard le 10 janvier, à la commission de surveillance.

Vérification du compte par la commission de surveillance.

424. La commission vérifie ce compte, elle s'assure si les tableaux récapitulatifs des états de présence des élèves, de l'état des maîtres admis à la table commune, de la rétribution annuelle due par les élèves non boursiers, des rôles de la rétribution mensuelle due par les élèves de l'école annexe, des états de présence des instituteurs qui auraient été logés et nourris à l'école pendant la durée du cours spécial qui est fait pour les instituteurs en exercice, lesquels forment la première partie de compte de deniers ne contiennent aucune inexactitude.

Elle examine enfin ces comptes dans tous leurs détails, les compare avec les divers registres tenus par l'économe, et consigne dans une délibération le résultat de sa vérification.

Transmission des comptes au recteur.

425. Les comptes avec toutes les pièces à l'appui sont adressés par la commission de surveillance au recteur, le 20 janvier, au plus tard. Le recteur les examine et les envoie avant le 1ᵉʳ février au ministre de l'instruction publique en y joignant son avis motivé sur ces comptes et la délibération de la commission de surveillance.

Les comptes sont arrêtés par le ministre.

426. Aussitôt que les comptes et toutes les pièces qui doivent y être annexées sont parvenus au ministère, ils y sont vérifiés dans le bureau de l'administration de l'instruction primaire.

Après que cette vérification est terminée, que l'économe a fourni les explications qui pourraient lui avoir été demandées, et que les rectifications dont la nécessité a été reconnue ont été effectuées, ces comptes sont arrêtés par le ministre de l'instruction publique et les résultats qu'ils présentent servent de point de départ pour les comptes de l'année suivante.

Remise d'une expédition des comptes au préfet.

427. Une expédition de chacun des comptes de deniers et de matières est remise au préfet par le président de la commission de surveillance après que ces comptes ont été définitivement approuvés par le ministre.

Emploi du boni.

428. La loi du 28 juin 1833 ayant mis à la charge des départements les frais d'établissement et d'entretien des écoles normales primaires, le boni annuel ou l'excédant des recettes de ces établissements ne doit pas être employé à acquitter des dépenses de cette nature, puisqu'elles sont une charge départementale. Il n'y aurait lieu de l'affecter à cette destination qu'autant qu'il s'agirait d'acquisitions de meubles qui ne rentreraient pas dans les prescriptions de la loi et pour lesquelles le conseil général aurait refusé de voter une allocation.

En règle générale ces boni doivent être employés en acquisition d'immeubles, mais principalement en achats de rentes sur l'Etat.

Délibérations de la commission de surveillance pour l'emploi du boni.

429. La commission de surveillance consigne, dans la délibération qu'elle prend tous les ans sur les comptes de l'école normale, ses propositions au sujet de l'emploi du boni qui a été réalisé pendant l'année précédente. Elle indique la somme qu'elle juge convenable d'employer en achat de rentes sur l'Etat et celle qu'elle juge nécessaire de conserver en caisse pour assurer le service courant de l'école.

Mode à suivre pour les acquisitions, aliénations et échanges.

430. Les délibérations des commissions de sur-

veillance des écoles normales relatives à des acquisitions, aliénations et échange de propriétés doivent
être approuvés par une ordonnance royale.

Toutefois l'autorisation du ministre de l'instruction publique est suffisante lorsqu'il ne s'agit que
d'une valeur n'excédant pas 20,000 fr.

Gratification en faveur du directeur et de l'économe de l'école normale.

431. Lorsque la gestion de l'école normale a été
satisfaisante et que les résultats qu'on a obtenus peuvent être attribués à la vigilance, au zèle et à l'activité du directeur ou de l'économe, la commission
peut proposer, dans la délibération qu'elle prend
sur les comptes de l'année, d'accorder une gratification dont elle fixe la quotité, soit à l'un ou à l'autre de ces employés, si le directeur ne cumule pas
ces deux fonctions, soit à l'un d'eux seulement.

Le ministre statue sur cette proposition. La gratification qu'il accorde est prélevée sur le boni de
l'école.

Récolement du mobilier de l'école.

432. A la fin de chaque année, il est procédé en
présence d'un membre du conseil général, délégué
par le préfet, d'un membre de la commission de
surveillance, délégué par le recteur, du directeur,
d'un inspecteur et d'un vérificateur des domaines,
du directeur et de l'économe de l'école normale au
récolement du mobilier et du matériel de cet établissement.

L'économe dresse un état détaillé et estimatif du

mobilier et du matériel achetés pendant l'année, un état détaillé du mobilier et du matériel réformés et vendus. Ces états sont envoyés au ministre, par l'intermédiaire du recteur, après que le directeur, l'inspecteur ou le vérificateur de l'enregistrement et des domaines a constaté que le récolement du mobilier et du matériel a été fait.

Une copie de cet état est remise au préfet.

Mesures à prendre lors de l'installation d'un nouvel économe.

433. Lorsqu'un économe est remplacé, la commission de surveillance, en installant son successeur, ou celui de ses membres qu'elle délègue à cet effet, arrête conjointement, avec l'ancien et le nouvel économe, tous les registres de comptabilité, tant en matières qu'en espèces, et constate par un procès-verbal que les écritures ont été laissées au courant par l'ancien économe.

Vérification de la caisse, du magasin et du mobilier.

434. Ce procès-verbal constate le montant des espèces trouvées en caisse, les approvisionnements qui existent en magasin, le montant des sommes dues à l'école, et celui de ses dettes.

Après s'être assuré de l'existence de ces approvisionnements et avoir vérifié l'exactitude de toutes les pièces qui lui sont remises par son prédécesseur, le nouvel économe devient responsable des fonds en caisse, des approvisionnements en magasin, du recouvrement des créances et du payement des dettes.

Inventaire du mobilier.

435. L'ancien et le nouvel économe procèdent
en même temps, en présence de la commission de
surveillance, ou de son délégué, et du directeur de
l'école normale, lorsque celui-ci n'est pas chargé
de l'économat, au récolement du mobilier et du matériel de l'école, de la bibliothèque, des cabinets
et collections.

Le nouvel économe a le droit de faire constater,
dans le procès-verbal de la remise de ce mobilier
dont il devient responsable, l'état dans lequel se
trouvent tous les articles dont il se compose.

Ce procès-verbal contient en même temps le détail des registres, états, doubles de comptes annuels
et autres pièces concernant les exercices clos dont
l'ancien économe fait la remise à son successeur.

Copie de ces procès-verbaux est envoyée au ministre.

436. La commission de surveillance fait parvenir une copie de ces procès-verbaux au ministre de
l'instruction publique, par l'intermédiaire du recteur.

Mode de reddition du compte de deniers par l'économe sortant, en cas
de mutation d'économes dans le courant de l'année.

437. Lorsqu'il y a mutation d'économes pendant l'année, l'économe sortant rend son compte
de deniers jusqu'au jour où il a cessé de remplir ses
fonctions.

S'il était en exercice au commencement de l'année, le compte doit être établi de la même manière

15.

que le compte annuel. Il suffit de substituer sur ce compte l'indication du laps de temps auquel il s'applique à celle de l'année entière.

S'il est entré en fonctions pendant l'année, le compte doit, tout en rappelant les faits accomplis depuis le commencement de l'année jusqu'à la fin de la gestion pour les différents exercices qui ont été en cours, faire connaître d'une manière distincte la part qui lui est afférente dans les opérations qui y sont relatées, et celle qui concerne son prédécesseur.

Mode de reddition du compte de deniers par l'économe en fonctions au 31 décembre, en cas de mutation d'économes dans le courant de l'année.

438. Le compte de deniers à rendre par l'économe en fonctions au 31 décembre, lorsqu'il y a eu mutation d'économes dans le courant de l'année, doit présenter l'ensemble des recouvrements et des payements faits pendant l'année par les différents économes qui ont concouru à la gestion. Il doit faire connaître d'une manière distincte la part qui lui est afférente dans les opérations qui y sont relatées, et celle qui concerne son prédécesseur ou ses prédécesseurs.

Mode de reddition du compte de matières, en cas de mutation d'économes dans le courant de l'année.

439. Lorsqu'il y a mutation d'économes pendant l'année, les comptes de matières sont rendus par l'économe sortant et par l'économe entrant, conformément aux règles tracées par les deux articles précédents.

L'économe qui sort rend son compte jusqu'au jour où il cesse de remplir ses fonctions.

L'économe qui se trouve en fonctions au 31 décembre rend son compte pour l'année entière en y faisant connaître d'une manière distincte la part qui lui est afférente dans les opérations qui y sont relatées et celle qui concerne son prédécesseur ou ses prédécesseurs.

Délai dans lequel l'économe sortant doit remettre ses comptes.

440. Un délai de dix jours, à partir de la cessation de ses fonctions, est accordé à l'économe sortant pour remettre ses comptes à la commission de surveillance. Il y joint toutes les pièces, qui, d'après les dispositions des articles précédents, doivent accompagner les comptes de gestion rendus à la fin de l'année.

Envoi de ces comptes au ministère et décision du ministre.

441. La commission de surveillance, après avoir examiné ces comptes, les fait parvenir avec sa délibération au recteur dans un délai de dix jours, comme les comptes de fin d'année.

Le recteur les transmet, avec son avis, au ministre de l'instruction publique qui, après les avoir fait examiner et régulariser s'il y a lieu, statue définitivement sur ces comptes.

PROGRAMME

D'UN

COURS DE MÉTHODES D'ENSEIGNEMENT

ET DE PRINCIPES D'ÉDUCATION

POUR LES ÉCOLES NORMALES PRIMAIRES.

L'Université n'ayant pas encore donné de programme officiel pour le cours de pédagogie, nous avons cru devoir publier ici le programme rédigé par des membres sages et habiles de l'Université, qui a servi de guide à M. Ambroise Rendu fils dans son cours de pédagogie à l'usage des écoles normales primaires.

PREMIÈRE PARTIE.

Des méthodes d'enseignement.

1. Principes généraux sur l'enseignement. — Enseignement privé. — Enseignement public. — Enseignement populaire, enseignement scientifique. — Enseignement primaire, enseignement secondaire, enseignement supérieur.

2. Principes généraux sur les méthodes.—Ce que c'est qu'une méthode. — Distinction entre la méthode générale suivie pour la direction d'une école et les méthodes particulières qui ont pour objet chacune des branches de l'enseignement. — Distinction entre les méthodes et les procédés.—Conditions essentielles de toute méthode et de tout procédé d'enseignement primaire.

3. Méthode d'enseignement *individuel.* — Ses avantages, qui consistent surtout à multiplier les relations directes entre le maître et l'élève ; ses inconvénients, qui résultent précisément de cette multiplicité de relations avec chaque élève. — Cette méthode ne peut convenir que dans une école bornée à un très petit nombre d'enfants.

Méthode d'enseignement *simultané.*—Son principe, ses caractères, ses avantages et pour le maître même et pour les élèves. — Ses inconvénients dans le cas d'une école nombreuse où les degrés d'instruction sont très divers.

Méthode d'enseignement *mutuel.*—Son principe, ses caractères, ses avantages. — Condition indispensable de succès : l'assistance de moniteurs capables de suppléer le maître. — Impossibilité de faire usage de cette méthode partout où le petit nombre des élèves ne permet pas d'espérer de bons maîtres ; impossibilité de s'en servir avec fruit dès que l'âge des élèves et la nature de l'instruction à leur donner permettent les objections et exigent le raisonnement.

Méthode *mixte* d'enseignement, formée de diverses modifications de la méthode simultanée et de la méthode mutuelle.

Des circonstances qui rendent préférable l'emploi de l'une ou de l'autre méthode : population, esprit

et ressources des différentes localités; études et capacité spéciales de l'instituteur.

4. Des qualités et des dispositions nécessaires à
l'instituteur : forte et ferme constitution; instruction
acquise et désir perpétuel de s'instruire encore ; intelligence et dévouement; conduite sans reproche ;
caractère élevé sans orgueil; ferme sans dureté; in-
dulgent sans faiblesse; croyances fermes et éclairées;
sentiment profond de ses devoirs envers Dieu, envers les enfants, envers les autorités, envers lui-
même; gravité, autorité.

Des études préparatoires de l'instituteur, toujours
portées au delà de ce qu'il doit enseigner.—Théorie
et pratique des diverses méthodes. — Connaissance
des facultés intellectuelles et des dispositions morales de l'enfance, de ses penchants, de ses habitudes,
des moyens d'influence et d'action qui peuvent la
diriger, la contenir et l'améliorer. — Organisation
générale d'une école ; organisation spéciale du travail; classification des élèves et distribution du
temps.

5. Des méthodes particulières pour chaque bran-
che d'enseignement.—Règles de l'enseignement toujours données avec l'enseignement même, et de
manière que la mise en pratique suive toujours l'exposition de la théorie. — Plan et limites de chaque
cours ; heures et jours qui doivent y être consacrés;
graduation des exercices ; succession régulière de
l'explication, de l'interrogation et de la répétition;
moyen d'occuper constamment l'attention de toute
la classe et d'obtenir de chaque élève un progrès
proportionné à son degré d'aptitude.

6. De la discipline, auxiliaire indispensable de tout enseignement. — Des deux grands mobiles du cœur humain, la crainte et l'affection, punitions et récompenses ; leur but et leur esprit. — De la mesure dans le bien ; de la sévérité envers soi-même ; de la patience à l'égard des défauts d'autrui.

De l'influence du bon ordre matériel sur les études et sur les mœurs.

Nécessité d'agir en même temps sur l'esprit et sur le cœur des enfants, de leur inculquer de bonne heure l'idée du devoir comme expression de la volonté divine ; moyen de leur faire aimer et goûter cette dépendance absolue où nous sommes tous d'un Dieu créateur, conservateur et rédempteur.

Transition aux principes d'éducation.

DEUXIÈME PARTIE.

—

Des principes d'éducation.

1. Distinction entre l'enseignement et l'éducation. — Education privée, éducation publique.

2. Objet de l'éducation, l'homme tout entier ; l'homme composé d'un corps qui doit obéir et d'une âme qui doit commander. — Le corps considéré comme organe de l'âme ; l'âme envisagée comme possédant des facultés intellectuelles et des facultés morales.—De là trois branches de l'éducation : éducation physique, éducation intellectuelle, éducation morale.

3. *Éducation physique*. Procurer, autant qu'il est possible, force et santé au corps, et, par là même, donner aptitude et goût pour le travail manuel, est un devoir des instituteurs envers l'enfance. — Deux sortes de moyens : théorie et pratique. — Théorie : notions usuelles de physiologie, d'anatomie et d'hygiène. — Pratique : travail et sobriété, propreté et régularité ; exercices gymnastiques parmi lesquels on comprendra la natation, toutes les fois que les localités s'y prêteront.

Une considération supérieure doit diriger l'éducation physique : le corps est l'organe de l'âme; transition à l'éducation de l'âme.

4. *Éducation intellectuelle*. Notions précises sur son objet, sur ses moyens, sur le principe supérieur qui doit la dominer. — Son objet : donner les connaissances et les talents qui sont nécessaires pour les diverses conditions. — Deux sortes de moyens : théorie et pratique. — Théorie : étude générale des principales facultés ; sensibilité, intelligence, attention, jugement, mémoire, imagination. — Pratique : application des facultés intellectuelles aux diverses branches d'études; exercices spéciaux pour fixer l'attention, pour former le jugement, pour fortifier la mémoire, pour régler l'imagination. — Analyse grammaticale, analyse logique, analyse des choses.

Une considération supérieure doit présider à l'éducation intellectuelle ; elle a pour fin de seconder l'éducation morale.

5. *Éducation morale*. Notions précises sur son

objet, sur ses moyens, sur le principe supérieur qui doit l'animer. — Son objet : développer régulièrement les facultés morales, et donner aussi des habitudes fortes et pures. — Deux sortes de moyens : théorie et pratique. — Théorie : étude des principales facultés ; activité, liberté, volonté, penchants, habitudes et passions ; conscience du bien et du mal. Reconnaissance du devoir, remords. Étude particulière des différents devoirs : devoirs de la morale privée, devoirs de la morale publique, devoirs de la morale religieuse ; unité et accord de tous les devoirs. — Pratique : application des facultés morales aux devoirs de l'élève-maître. Soumission à la règle : respect envers le directeur et les autres maîtres ; égards et procédés envers les autres élèves ; bienveillance réciproque, bons exemples, conversations sages et utiles, ardeur pour le travail, modestie dans le succès.—Application aux devoirs de l'instituteur : dévouement à la profession ; affection sincère et profond respect pour le précieux dépôt qui lui est confié par les familles et par la société, et dont il répondra à Dieu même, âme pour âme.

Une considération supérieure doit dominer l'éducation morale : la loi de Dieu est la loi suprême.

6. De la part que doit prendre l'instituteur à chacune de ces trois éducations : à l'éducation physique, dont il partage la direction avec les parents de ses élèves ; à l'éducation intellectuelle, qui lui est confiée presque exclusivement ; à l'éducation morale, que dirigent plus particulièrement les ministres de la religion. — Des relations que l'instituteur doit entretenir avec les autorités civiles et ecclésias-

tiques, et avec les parents afin de mieux remplir tous ses devoirs. — De la connaissance spéciale qu'il doit avoir des lois, ordonnances, règlements et instruc tions qui concernent les écoles primaires.

PROGRAMME

D'UN

COURS DE NOTIONS PRATIQUES

D'AGRICULTURE, D'HORTICULTURE, DE GREFFE ET DE TAILLE
DES ARBRES

POUR LES ÉCOLES NORMALES PRIMAIRES.

———

La plupart des élèves des écoles normales primaires sont destinés à exercer les fonctions d'instituteur dans des communes rurales; presque tous leurs élèves auront à s'occuper un jour de la culture de la terre. *Il y aurait* donc *des avantages réels,* ainsi que le disait M. le ministre de l'instruction publique dans la circulaire qu'il adressait, le 18 août 1838, à MM. les préfets, *à ce que les instituteurs des communes rurales fussent en état non-seulement d'enseigner ce premier de tous les arts, en signalant les perfectionnements nouveaux et les bons résultats qu'ils produisent, mais encore de le faire aimer, d'en inspirer le goût aux enfants qui leur sont confiés; ils rempliraient ainsi la double et belle mission de concourir au bien-être matériel de la population par la fécondation du sol, tout en développant son intelligence et en améliorant ses mœurs par l'instruction.*

Le mal qui travaille la société vient de ce que tout le monde étant mal préparé pour la position qu'il doit occuper, personne ne veut rester à sa place. La meilleure éducation intellectuelle est celle qui est donnée aux enfants en vue de leur position sociale et avec les applications convenables à cette position. Sous ce rapport, l'enseignement des notions pratiques d'agriculture est l'un des plus utiles pour les populations rurales. Les pays dans lesquels cet art a fait le plus de progrès sont aussi ceux dans lesquels l'enseignement des notions pratiques d'agriculture fait partie de l'instruction qu'on donne aux enfants dans les écoles primaires. Le vœu que cet exemple fût suivi a été souvent émis en France ; jusqu'à présent il n'a pu se réaliser.

La situation actuelle des classes inférieures de la société fait un devoir à l'administration de s'occuper activement de répandre dans ces classes le goût des travaux agricoles. Les progrès de la mécanique industrielle, en faisant marcher la production d'un pas plus rapide que la consommation, tendent chaque jour à laisser sans emploi un grand nombre de bras et à réduire considérablement les salaires. Les villes commencent à présenter un excédant de population qui serait fort utile dans les campagnes. Déjà des sociétés se forment pour patroner les ouvriers et fonder des colonies agricoles pour y recevoir les enfants pauvres. Tout le monde se tourne vers l'agriculture comme vers l'ancre de salut de l'humanité.

Mais le but qu'on doit se proposer serait complétement manqué si on pensait qu'il n'est pas possible de donner des notions d'agriculture aux élèves des écoles normales sans joindre la pratique à la théorie, et si on voulait annexer à ces écoles une ferme ou un terrain qui serait cultivé par les élèves. L'accessoire finirait par absorber le principal. Une ferme avait été ainsi réunie à l'école normale primaire de Rennes. L'expérience a bientôt démontré la nécessité de faire cesser cette réunion. Les écoles normales et les écoles primaires ne sont pas destinées à former des laboureurs, des vignerons, des éleveurs de bestiaux, des bergers, etc. L'Université aura suffisamment atteint le but qu'elle doit se proposer, en ce qui concerne l'éducation intellectuelle à donner aux enfants des communes rurales sous le rapport de la position qu'ils doivent occuper, si elle remplit ces deux conditions : placer entre les mains de ces enfants, depuis le moment où ils commencent à lire jusqu'à celui où ils quittent l'école, des livres propres à leur inspirer du goût pour une profession qui doit être celle de toute leur vie, et à leur donner une notion sommaire des principales opérations agricoles; mettre les instituteurs formés dans les écoles normales à même de donner quelques explications à leurs élèves sur ces lectures, et de leur faire remarquer, en les conduisant dans les champs, la mise en pratique de ce qu'ils viennent de lire dans ces livres.

Intimement convaincus de la haute utilité que présente l'enseignement des notions d'agriculture dans les écoles primaires, nous donnons ci-après un programme détaillé de ce cours.

PREMIÈRE ANNÉE.

PREMIÈRE PARTIE.

Principes généraux d'agriculture.

Définition et objet de l'agriculture. — Vues gé·
nérales sur le mode de germination des graines et
de végétation des plantes. — Influence de la chaleur, de la lumière, de l'air, de l'eau sur la végétation. — Rosée, gelée blanche, nuages, brouillards,
pluie, orage, grésil, grêle, neige, glace.

*Des différentes espèces de terres et de leurs pro-
priétés.*— De l'humus ou terreau. — Des terres dans
lesquelles dominent l'argile, le sable, la chaux ou la
craie. — De l'influence du sous-sol sur la fertilité des
terres. —Des qualités que doit réunir une terre pour
être fertile.

Des amendements. — Amendements par le mélange des terres. — Amendements qui modifient la
nature des terres. — Amendements qui stimulent les
forces végétatives des terres.

Des engrais. — Engrais tirés des végétaux.—En-
grais provenant des animaux. — Engrais composés.
—Défrichements. — Ecobuage. — Dessèchements.
—Endiguements.

Labours. — Défoncements. — Labours à bras d'homme. — Diverses pièces dont une charrue est composée. — Diverses formes de charrue. — Labours à la charrue.—Labours faits avec des machines autres que les charrues.

Assolements.

DEUXIÈME PARTIE.

Culture des céréales, des légumineuses à cosses, des plantes à racines nourrissantes, des plantes textiles et des plantes oléagineuses.

Des ensemencements en général. — Entretien des terres ensemencées. — Egouttement du sol. — Hersage. — Binage. — Sarclage. — Buttage.

Culture des céréales. — Froment. — Seigle. — Orge. — Avoine. — Sarrasin ou blé noir. — Maïs. — Maladies des céréales. — Récolte. — Formation des gerbiers ou meules. — Battage des grains. — Vannage. — Conservation des grains. — Des insectes qui attaquent les récoltes des céréales et des moyens d'y remédier.

Culture des plantes légumineuses à semences farineuses et à cosses. — Haricots. — Pois. — Lentilles. — Fèves.

Culture en grand des plantes à racines nourrissantes. — Pommes de terre. — Betteraves. — Ra-

TROISIÈME PARTIE.

Prairies naturelles et artificielles.

port entre l'étendue des herbages et le nombre des bestiaux qu'on peut élever. — Préparation du sol.— Entretien des terres. — Culture des plantes fourragères légumineuses.—Trèfle.—Luzerne.—Sainfoin. Sparcette, etc., etc.— Récolte des fourrages. — Instruments qu'elle exige. — Conservation des fourrages.

Plantes autres que les graminées et les fourragères légumineuses, arbrisseaux et arbres dont les produits peuvent servir à la nourriture du bétail.

DEUXIÈME ANNÉE.

QUATRIÈME PARTIE.

Vigne, Mûriers, Oliviers, etc., Plantes utilisées
par les arts.

Vigne. — Climat , terrains , expositions qui lui conviennent. — Racines, ceps, sarments, rameaux, feuilles, vrilles, fruits.—Diverses espèces de plants.— Plantation de la vigne.—Façons d'entretien.—Amendements et engrais. — Régénération par le provignage et le couchage. — Taille. — Arcure.— Ébourgeonnement. — Échalassement. — Accolage. — Pin-

CINQUIÈME PARTIE.

*Jardins potagers et jardins fruitiers ou vergers.
— Greffe et taille des arbres.*

Jardin potager.—Sa destination, son importance.
—Situation, préparation, amélioration et disposition
du terrain.—Procédés pour réchauffer le sol et hâter la végétation. — Ados, couches, réchauffements,
châssis, baches, serres froides, serres chaudes. —
Procédés pour abriter les plantes.—Brise-vents, cloches, châssis, paille brûlée, paillassons.—Clôtures et
haies.—Organes de développement et de reproduc-
tion des végétaux.—Racines, collet, tige, bourgeons,
feuilles, fleurs, calice, corolle, étamine, pistil, etc.,
fruits, péricarpe, graines, embryon, etc.

Maladies des végétaux. — Animaux nuisibles aux
végétaux.— Semis. — Arrosements. — Repiquage.—
Instruments et ustensiles. — Récolte et conservation
des graines, des racines, etc.

Culture des végétaux à racines nourrissantes. —
A tiges et feuilles nourrissantes.— A fleurs nourrissantes.—A fruits nourrissants. — A graines nourrissantes. —Travaux mensuels du potager.

Jardin fruitier ou verger. — Sa destination, son
importance.—Choix et exposition du terrain.—Disposition des plantations.—Clôture.—Arbres qui doivent entrer dans la composition d'un verger.—Epo
que de la maturité de leurs fruits.

Semis. — Multiplication des plantes par leurs ex-
croissances. — Par marcottes. — Par boutures.

Pépinières. — Repiquage. — Plantation définitive.

Greffes. — Greffes par approche. — Par entaille de
bois. — Par entaille d'écorce. — Greffes herbacées.

Taille des arbres fruitiers. — Taille de formation.
— Taille d'entretien et de conservation. — Taille de
restauration.

Maladies des arbres fruitiers. — Animaux nuisibles
aux arbres fruitiers.

Soins à donner aux arbres qui produisent des fruits
à enveloppe dure ou coriace; — Des fruits à noyaux;
— Des fruits à pepins; — Des fruits en baies. — Cueil-
lette et conservation des fruits.

SIXIÈME PARTIE.

*Arbres et arbustes forestiers. — Étangs poisson-
neux.*

Importance des forêts. — Description de leurs produits. — Arbres et arbustes indigènes et exotiques. —
Arbres à feuilles caduques. — Arbres résineux.

Forêts naturelles. — Plantations de forêts. — Semis.
Choix des semences et des terres. — Soins à donner
aux jeunes semis.

Plantations. — Choix des plantes et des terres.
— Préparation du sol. — Divers modes de plantation. — Époque des plantations. — Soins à donner

aux jeunes plantes. — Essartage. — Recepage. — Elagage.

Des différentes espèces de bois. — Taillis. — Futaies. — Aménagement. — Repeuplement. — Régénération.

Exploitation des bois.—Emploi des bois.—Chauffage — Charbonnage.—Marine.—Constructions.—Charronnage, etc.

Plantes et animaux nuisibles aux forêts. — Dommages causés par les neiges, gelées, etc., et autres causes atmosphériques.

Étangs poissonneux. — Leur utilité. — Etablissement et construction.—Empoissonnement.—Education du poisson.—Pêche.—Assolement des étangs. — Culture du sol en pâturage.

TROISIÈME ANNÉE.

SEPTIÈME PARTIE.

Animaux domestiques.

Cheval et race chevaline. — Histoire du cheval. —Description des diverses parties du cheval. — Moyens de connaître l'âge du cheval.—Aplombs et allures.—Maladies des chevaux.—Soins à leur donner. — Ferrure des chevaux. — Harnachement. — Pansage.—Ecurie.—Nourriture.—Différentes races

HUITIÈME PARTIE.

Economie rurale.

vins.—Cave et vaisseaux vinaires.—Conservation.—Maladies.

Fabrication des eaux-de-vie. — Des vinaigres. — Du cidre, poiré et cormé.—De la bière.—Des boissons de divers fruits.

Fabrication de l'huile d'olive. — D'huiles de graines. — D'huiles volatiles.

Conversion des plantes textiles en fil.—Rouissage.—Teillage.—Broyage.

Extraction de la fécule de pommes de terre.

Fabrication du charbon de bois.

Préparation de la tourbe.

Moyens d'utiliser les divers produits des animaux, des végétaux et des minéraux.

NEUVIÈME PARTIE.

Législation et comptabilité rurales.

Définition de la propriété rurale. — Diverses espèces de propriétés.—Meubles et immeubles.

Cours d'eau.—Alluvions.—Police des eaux.—Digues et chaussées.—Droit de pêche.

De la délimitation des propriétés rurales.

Des expropriations de propriétés rurales.

Plantations.—Bois destinés à la marine.—Défrichement.—Droits d'usage.

Desséchement des marais.

Des carrières, mares et réservoirs.

Des servitudes rurales d'intérêt public et d'utilité particulière.

Baux à ferme.—Baux à cheptel.

Gardes champêtres et forestiers.

Administration et mode de jouissance des biens des communes.

Chemins vicinaux.

Attributions des diverses autorités administratives.

Attributions des diverses autorités judiciaires.

Des peines encourues pour les contraventions, les délits et les crimes en matière de propriétés rurales.

Des impôts établis sur la propriété foncière.—Cadastre.—Mutations de propriétés foncières.

De l'établissement des chemins communaux et des chemins d'exploitation.—Tracé de ces chemins.—Pentes.—Entretien et amélioration.—Prestations en nature.

De la clôture des propriétés rurales.— Murailles.— Fossés.—Haies.

Nécessité d'une comptabilité rurale.— Ses avantages. — Inventaire. — Journal des travaux et des opérations.—Livre-journal de caisse.—Comptes de culture.—Comptes des bestiaux.—Comptes des fermiers.—Livres de magasin.—Comptes de la basse cour.—Comptes des journaliers.— Grand-livre.—Clôture annuelle des comptes.—Balance et inventaire.—Ouverture des comptes nouveaux.

LISTE DES LIVRES

Désignés par M. le Ministre de l'Instruction publique, sur l'avis du Conseil royal, pour composer la Bibliothèque des écoles normales primaires et servir à l'enseignement des élèves-maîtres.

INSTRUCTION MORALE ET RELIGIEUSE.

Le Nouveau Testament, (traduction du Sacy.)
Abrégé de l'Histoire de l'Ancien Testament avec explications , par Mesenguy.
Imitation de J.-C.
Catéchisme de Montpellier.
L'Ouvrage des six jours (Duguet).
Mœurs des Israélites et des Chrétiens (Fleury).
De l'existence de Dieu, par Fénelon.
Doctrine chrétienne, par Lhomond.
Histoire de la religion , par Lhomond.
Choix de sermons de Bossuet.
Des devoirs des hommes , par Silvio-Pellico.
Premières et secondes lectures françaises, par Wilm., 2 *vol. in*-12.
Simon de Nantua et ses œuvres posthumes, par L. de Jussieu, 1 *vol. in*-12.
Hymnes du premier âge ou Cantiques en prose , imités de l'anglais.

LECTURE.

Méthode de Dupont.
———— de Maître.
———— de Meissas et Michelot.
———— de Lavaud.
Cahiers lithographiés de Selves.
———— ———— de Levrault.
———— ———— de Montizon.
Alphabet et premier livre de lecture , et tableaux correspondants.

ÉCRITURE.

Méthodes de Castairs.
—— de Werdet.
—— de Taupier.
—— de Lavaud.

LANGUE FRANÇAISE.

Grammaire de Lhomond.
—— de Guéroult.
—— de Noël et Chapsal.
—— de Meissas et Michelot.
—— de Lorain.
Grammaire générale (Sacy).
Synonymes français (Guizot).
Dictionnaire de l'Académie (*édition de* 1835).
Vocabulaire de Wailly.
Choix d'oraisons funèbres de Bossuct, Fléchier, etc.
OEuvres choisies de Fénelon , 6 *vol. in*-8°.
Esprit de Nicole , 1 *vol. in*-12.
Fables de Lafontaine.
Boileau (*édition d'Amar*).
Caractères de La Bruyère.
Petit-Carême de Massillon.
Histoire de Charles XII.
Morceaux choisis de Buffon.
Poëme de la religion, suivi de Polyeucte, d'Athalie, d'Esther et de Mérope.

ARITHMÉTIQUE, GÉOMÉTRIE ET APPLICATIONS.

Arithmétique de Bezout.
—— de Vernier.
Géométrie de Vernier.
—— de Legendre.
—— de Bergery.
Géométrie pratique de Desnanot.

Dessin linéaire de Francœur.
——— de Lamotte.
——— de Boniface.
——— de Bouillon.
Arpentage et lever des plans , par Lamotte.
Tableaux d'arpentage , par Caubet de Rouen.
Tables de logarithmes , par Callet.

HISTOIRE ET GÉOGRAPHIE.

Histoire ancienne de Rollin.
Discours sur l'histoire universelle , par Bossuet.
Cahiers d'histoire universelle , par Dumont et Gaillardin.
Abrégé de l'histoire de France , par Ragon.
Précis de l'histoire de France, par Cayx et Poirson.
Atlas historique et géographique de Kruse, publié par MM. Lebas et Ansart.

Les trois grandes Cartes d'Engelmann, collées sur toile. { Mappemonde. Europe. France. }

Grandes Cartes muettes de Levrault.
——— — de Meissas et Michelot.
Géographie de Balby.
Géographie de la France , par Lespin.
——— — par Delapalme.
——— — par Loriol.
Cours de géographie de Letronne.
Atlas de Selves.
— d'Ansart.
— de Meissas et Michelot.

ÉLÉMENTS DES SCIENCES PHYSIQUES ET APPLICATIONS.

Physique de Péclet.
Chimie de Péclet.
Histoire naturelle , par Delafosse.
Éléments de Technologie , par Francœur.
Géométrie et Mécanique appliquées , par Dupin.
Dessin industriel de Normand.

La Minéralogie populaire, par Brard.
Maître Pierre,   Industrie.
——   Physique.
——   Mécanique.
——   Astronomie.
Histoire naturelle des plantes, par Delapalme.
Histoire abrégée des principales inventions et découvertes, par Roux Ferrand.
Alphabet des arts et métiers.
Calendrier du bon cultivateur, par Dombasle.

MUSIQUE ET CHANT.

Méthode de Choron.
—   de Wilhem.
—   de Stœpel.
Traité élémentaire et tableaux de Quicherat.
Chant de la Table de Pythagore.. } par Cany de Toulouse.
Chant du Décalogue............ }

PÉDAGOGIE.

(Méthodes d'enseignement et principes d'éducation.)

De l'éducation des enfants par Locke.
De l'éducation des filles, par Fénelon.
De l'éducation progressive, par Mme Necker de Saussure.
Entretien sur l'éducation, par Mœder.
Cours normal des instituteurs, par de Gérando.
Cours normal des institutrices, par Mlle Sauvan.
Manuel de l'instituteur primaire ou principes généraux de pédagogie, par Mœder.
L'Instituteur primaire, par M. Matter.
Le Visiteur des écoles, *idem*.
Exposé analytique des méthodes de l'abbé Gaultier, par L. de Jussieu.
Instruction sur une bonne méthode d'enseignement primaire, par Levrault.
Lettres sur l'éducation religieuse, par Deluc.

Rapport sur l'état de l'instruction primaire en Allemagne, par V. Cousin.

Rapport au Roi sur l'instruction primaire en France, par M. le Ministre de l'instruction publique (1834).

Journal des salles d'asile.

Guide des écoles primaires.

Code de l'instruction primaire.

Manuel général de l'instruction primaire.

L'Instituteur, journal des écoles primaires.

Livres spécialement destinés à l'instruction morale et religieuse des élèves-maîtres protestants.

Histoire de la Bible, par le pasteur Boissard.

Introduction à la lecture des livres saints, par Cellerier fils. Ancien Testament.

Manuel pour faciliter la lecture de l'Écriture sainte, traduit de l'allemand de Auber.

La Bible de la jeunesse, ouvrage catholique, traduit de l'allemand, à l'usage des protestants, par Pellegrin, pasteur des vallées du Piémont.

La Biographie sacrée, par Coquerel.

Instruction chrétienne de Vernet.

Preuves de la divinité de la religion chrétienne, tradui de l'anglais de Paley.

Essai sur la divine autorité du Nouveau Testament, tra duit de l'anglais de Boyle.

Essai sur le plan de fondation de la religion chrétienne traduit de l'allemand de Reinhard.

Liturgie de famille, rédigée par M. Levade.

Sermons de Cellerier, quatre différents recueils.

Vues sur le protestantisme, par Vincent.

Livres spécialement destinés à l'instruction morale et religieuse des élèves-maîtres israélites.

Souvenirs de Moïse Mendelsshon, par Cottard.

Précis élémentaire d'instruction morale et religieuse.

Ouvrages à l'usage de toutes les écoles.

Catéchisme historique de Fleury.
Sermons choisis de Bourdaloue, Massillon, etc.
Traité des études de Rollin.
Histoire romaine de Rollin.
Histoire de France, par le président Hénault.
Les Révolutions romaines, par Vertot.
Les Révolutions de Portugal, par Vertot.
Œuvres choisies de J.-B. Rousseau.

Abrégé de la méthode des écoles élémentaires, ou recueil pratique pour les écoles dirigées selon la nouvelle méthode d'enseignement mutuel et simultané.

Guide des fondateurs et des maîtres pour les écoles d'enseignement mutuel.

Manuel pratique, ou précis de la méthode d'enseignement mutuel, par M. Nyon.

Manuel des écoles élémentaires, ou exposé de la méthode d'enseignement mutuel, par M. Sarrasin.

Journal de l'instruction élémentaire, par plusieurs membres de l'Université.

Essai sur l'emploi du temps, par M. Jullien.

L'Instruction primaire, par M. Matter.

De l'Éducation publique, considérée dans ses rapports avec le développement des facultés, par M. Naville.

Manuel complet de l'enseignement mutuel, par MM. Lamotte et Lorain.

Manuel complet de l'enseignement simultané, par les mêmes auteurs.

Nouveau manuel des écoles primaires, publié sous la direction de M. Matter.

Ouvrages pour les salles d'asiles.

Prières de l'enfance, pour le matin et pour le soir.

Instruction élémentaire pour la formation et la tenue des salles d'asile.

Recueil de cantiques destinés aux salles d'asile.

Collection d'images avec texte explicatif et questionnaire :

Histoire sainte,

Histoire de Jésus-Christ,

Animaux domestiques,

Animaux sauvages,

Culture et emploi du blé.

Alphabet et tableaux de lecture. — Numération. — Tableaux de chiffres.

Le médecin des salles d'asile, par M. le docteur Cerise.

Ouvrages pour les écoles élémentaires.

Catéchisme du diocèse.

Petit Catéchisme historique de Fleury.

Maximes tirées de l'Écriture sainte, par Rollin.

Pensées religieuses et morales extraites des Psaumes de David.

Petit livre de fables pour les enfants, par P. Didot.

Abrégé du Nouveau Testament, suivi de prières chrétiennes.

Les OEufs de Pâques,
L'histoire de Henri d'Eichenfels,
La Colombe,
Le petit Mouton,
Le Serin,
Le Ver luisant,
L'Enfant perdu,
Petits contes,
Nouveaux petits contes,
La Corbeille de fleurs,
Geneviève de Brabant,
Rose de Tannebourg,
Le jeune Ermite,
Histoire tirée de l'Écriture sainte :
Ancien et Nouveau Testament,
Petit Théâtre de l'enfance,
Robinson dans son île, } Traduits de l'allemand du chanoine Schmidt.

(259)

Histoire de Prosper Brinquart, par M. Lorain.

Livre d'instruction morale et religieuse.

Jean et Julien, ou les petits colporteurs, par M. de Saintes.

Thérèse, ou la petite sœur de charité, par le même.

Épîtres et Évangiles des dimanches et fêtes de l'année.

Récréation, ou histoires véritables à la portée des petits enfants, par M. Soulice.

Simon de Nantua, traduit en bas-breton (pour l'école normale primaire de Rennes).

Morale de la Bible, par M. l'abbé Didron.

Histoire de Jean-Marie, par mademoiselle Ulliac Trémadeure.

Récit des prix Monthyon.

Petite civilité chrétienne.

Petite Histoire sainte, par Ansart.

Nouvelle méthode de lecture, par M. Miaille.

Méthode de lecture, par M. Clerc.

Statilégie, par M. Laffore.

Principes de la lecture et de la prononciation de la langue française, par M. l'abbé Baudisson.

Cours analytique de lecture par enseignement mutuel et simultané, par MM. Lecomte et Valade-Gœbel.

L'art d'apprendre à lire, réduit à la simple connaissance des caractères alphabétiques, par M. Barthélemy d'Artiguenave.

Tachylégie, ou nouvelle méthode de lecture, par M. Gauteron.

Ortholégie, par M. Grisel.

Méthode et tableaux de lecture, par M. Peigné.

Alphabet des alphabets, ou nouvelle méthode de lecture simplifiée, par M. Audibert.

Nouvelle méthode perfectionnée de lecture, par M. Tisserand.

Nouveau syllabaire français extrait de la méthode de M. Peigné.

Le nouveau Viard, ou cours d'études élémentaires, à l'usage des écoles primaires, par M. Pascal.

17.

Méthode complète de lecture préparant à la connaissance de l'orthographe et de la prononciation, par M. Piroux.

Méthode de lecture, par M. Jomard.

Méthode de lecture et d'écriture, par M. de Brunet.

Nouvelles lectures manuscrites, par M. Louis.

Choix gradué de cinquante sortes d'écritures pour exercer à la lecture des manuscrits.

Syllabaire des écoles des frères de la doctrine chrétienne et règlements pour les enfants qui les fréquentent, par L. C. et F.-P. B.

De l'enseignement de l'écriture, par M. Dejernon.

Album calligraphique, par M. Tardif.

Enseignement gradué de l'écriture par M. Mulhauser de Genève.

Cours complet d'écriture anglaise, par M. Fayolle.

Écritures méthodiques et raisonnées, par M. Fayolle.

Méthode d'écriture, par M. Pelaud.

Grammaire abrégée de Wailly.

Rudiment des petites écoles, par M. Mazure.

Essai de grammaire française élémentaire, par M. David.

Participes français, par M. Collin.

Petite grammaire française et allemande, par M. Wilm.

Nouvelle méthode d'orthographe, par M. Dunand.

Grammaire française de Lhomond, revue par Peigné.

Cours élémentaire de grammaire française, par Fricadel-Dubiez.

Grammaire classique et méthodique pour étudier la langue française.

Grammaire française élémentaire.—Dictées et exercices orthographiques, par L. C. et F.-P. B.

L'arithmétique des demoiselles.

Méthode pour apprendre à calculer promptement.

Arithmétique des campagnes, par Moultzon.

Cours d'arithmétique applicable à l'enseignement mutuel, par M. Regnier.

Enseignement du calcul mental, par M. Ferber.

Tableaux d'arithmétique, par MM. Vernier et Lamotte.

Arithmétique pratique à la portée de ceux qui savent les quatre règles, par M. Desnanot.

Tableaux du système métrique légal, par M. Jouannin.

Arithmétique des écoles primaires, par M. Bergery.

Nouveau traité d'arithmétique décimale, avec problèmes, réponses et solutions, par L. C. et F.-P. B.

Système légal des poids et mesures avec tableaux, par Lamotte.

Eléments de calcul et de dessin linéaire publiés par Levrault.

Le dessin linéaire des demoiselles, par M. Lamotte.

Le dessin linéaire à vue, par M. Bergery.

Chronologie des rois de France, par M. Durozoir.

Campagne d'Austerlitz.

Histoire de France, par M. Fricadel-Dubiez.

Histoire de la découverte de l'Amérique racontée aux enfants, par M. Lamé Fleury.

Histoire ancienne élémentaire, par madame de Saint-Ouen.

Abrégé de géographie, par M. Lamy.

Atlas de douze cartes géographiques, publié par madame Levrault.

Cartes peintes de la France, par M. Teulières.

Manuel de géographie, par MM. Meissas et Michelot.

Petite géographie, par M. Poulain de Bossay.

Atlas de l'histoire ancienne, par le même auteur.

Premières notions de géographie et d'histoire, par M. Letronne.

Grandes cartes publiées par M. Letronne.

Géographie du département d'Eure-et-Loir, par M. Dunand.

Abrégé de géographie commerciale et historique, par MM. L. C. et F.-P. B.

Recueil de chants enfantins et religieux, par M. Steepel.

Méthode de musique, par M. Massimino.

Méthode de musique, par M. Meintzer.

Le petit maître d'anglais, ou premiers éléments de la langue anglaise, par John Stéphens.

L'étude de la langue allemande rendue facile, par M. Wersaint.

Abécédaire allemand-français et abécédaire français allemand, par M. Linder.

Grammaire italienne, par M. Cerati.

Ouvrages pour les écoles primaires supérieures.

Histoire de Joseph, traduit du hollandais.

Quatrains moraux, par M. Morel de Vindé.

Antoine et Maurice, par M. de Jussieu.

Choix de morceaux en prose et en vers, par M. Thiercelin.

Vie de Jean Théophile Kelling.

Second livre de lecture, par Piat.

L'Education familière, traduit de miss Edgeworth, par madame Louise Sw. Belloc.

Le Grand-Père, par madame Fouqueau de Pussy.

Revue des enfants, par M. Henriot Roqueplan.

Choix de poésies faisant suite aux secondes lectures françaises de Wilm.

Petites Leçons de morale adressées par un instituteur à ses élèves, par Fricadel-Dubiez.

Le Guide du Néophyte, ou la religion du cœur, par le comte de la Rivallière-Trauendorf.

Ecrits populaires de Franklin.

Une Famille, par madame Guizot.

Grammaire des grammaires, par M. Girault-Duvivier.

Remarques sur l'orthographe française, par M. Pain.

Traité des sons de la langue française et des caractères qui la représentent, par M. l'abbé Bouillette.

Dictionnaire des dictionnaires, par M. Darbois.

Guide pratique pour la première instruction de la langue française, par M. Lambert.

Grammaire française méthodique et raisonnée, par M. Boniface.

Nouveaux principes de grammaire française, par M. Gargan.

Théorie nouvelle et raisonnée des participes français, par M. Bescher.

Recueil de mots français rangés par ordre de matière avec des règles d'orthographe, par M. Pautex.

Eléments théoriques et pratiques du calcul des changes étrangers, par M. Rozas.

Traité élémentaire d'arithmétique, par M. Lacroix.

Traité raisonné d'arithmétique, par M. l'abbé Bone.

Cours de mathématiques fait à l'école normale primaire de Colmar, par M. Curie.

Instruction élémentaire et pratique sur l'usage des tables de logarithmes, par M. le baron Prony.

Abrégé de géographie et de sphère, par M. Abadie.

Le Globe, atlas classique universel de géographie ancienne et moderne.

Géographie élémentaire descriptive, par M. Boniface.

Mécanique des écoles primaires, par M. Bergery.

Manuel de géométrie, par M. Terquem.

Géométrie stéréographique ou relief des polyèdres, etc., par M. Marie.

Abrégé de géométrie pratique, par L. C. et F.-P. B.

Problèmes de géométrie et de trigonométrie, avec réponses et solutions, par M. Ritt.

Manuel d'arpentage, par M. Lacroix.

Traité élémentaire de perspective, par M. Salme.

Notions d'histoire naturelle, par Delafosse.

Histoire naturelle dans ses applications géographiques, historiques et industrielles, par M. Teulières.

Nouveaux éléments d'histoire naturelle, par M. Salacroux.

Introduction à l'étude de la botanique, par M. de Candolle.

Essai sur l'histoire naturelle de Normandie, par M. Chesnon.

Petite Histoire naturelle, par M. Delapalme.

L'Art de fertiliser les terres, par madame Celnart.

Le Guide de la culture des bois, par M. Duchesne.

Veillées villageoises ou entretiens sur l'agriculture moderne, par M. Neveu de Rotrie.

Manuel pratique et populaire d'agriculture pour le département du Doubs.

Manuel d'agriculture, ou traité élémentaire de la science agricole pour les écoles rurales du Nord-Est de la France, par M. Moll.

Instruction sur la tenue des registres de l'état civil, par M. Giroux.

Manuel de gymnastique, par M. le colonel Amoros.

Eléments d'algèbre, par M. Querret.

La Vaccine soumise aux simples lumières de la raison, par M. Marc.

Maître Pierre, ou le savant de village.—Entretiens sur la physiologie.

De la construction de maisons d'école primaire, par M. Bouillon.

L'Instituteur de la Charente.

Connaissances locales, à l'usage des écoles primaires de l'arrondissement de Castres, par M. Combes.

Maître Pierre ou entretiens sur le calendrier.

Livres pour tous les établissements d'instruction primaire.

Corbeille de l'année ; première saison, mélodie du printemps, par mesdames Belloc et Montgolfier.

Histoire romaine, par M. Lebas.

Histoire romaine, par M. Lamé Fleury.

Traité de prononciation, nouvelle prosodie française, par madame Sophie Dupuis.

Scriptolégie, par M. Peigné.

Méthode de lecture, par M. Casimir Couret (les trente-cinq premiers tableaux).

Leçons de lecture en français, par un professeur.

Petite méthode de lecture, en allemand, par un professeur.

Modèle des cinq genres d'écriture.

Histoire de France depuis l'établissement de la monarchie jusqu'à nos jours, par madame de Saint-Ouen.

Manuel de la langue anglaise, par M. Peyrot.

Nouvelle grammaire française, par MM. Noël et Chapsal.

Dictionnaire de la langue française, par MM. Noël et Chapsal.

Cantiques de Saint-Sulpice, arrangé à trois voix, par M. H. Berton.

Manuel des aspirants aux brevets de capacité, par MM. Lamotte, Meissas et Michelot.

Programme des questions pour l'examen des aspirants, etc., par les mêmes.

Histoire naturelle, mise à la portée des enfants, par M. Belèze.

Géographie mise à la portée des enfants, par M. Belèze.

Histoire naturelle mise à la portée des femmes et des gens du monde, par madame Achille Comte, première partie.

Mélanges de morale, d'économie et de politique, par Franklin.

Traité pratique sur les abeilles, par M. Victor Rendu.

Cahiers d'écriture, par M. Lacombe.

Leçons élémentaires, méthodiques et pratiques de la grammaire française, par M. Augustin Thiel.

Premières notions de calcul, par M. Michelot.

Petit dictionnaire de la langue française, par M. Soulice.

Petit traité sur le style, par David.

Recueil de motets en plain-chant, par Adrien De La Faye.

Petit livret de lectures morales et religieuses, par M. Michelot.

Leçons d'arithmétique, par M. Lemare.

Dictionnaire historique et géographique de la Bible, par M. Cottard.

Leçons de botanique, par madame Bonifas Guizot.

Introduction à la géographie générale et spécialement à la géographie de l'Europe et de la France, par M. Soulice.

Problèmes d'arithmétique et solutions raisonnées, par MM. Saigey et Sonnet.

Principes de la tenue des livres, par M. Cadrès-Marmet.

Petite histoire de France, par Ansart.

Manuel du Provençal, par M. Gabrielli.

Premières notions de la géographie générale du globe, par MM. Dunand et Chrétien.

Alphabet, par Dunand.

Histoire moderne racontée aux enfants, par Lamé-Fleury.

Tableaux de lecture, par Abria.

Instructions élémentaires sur les actes de l'état civil, par Claparède.

Arithmotechnie, ou l'art d'enseigner l'arithmétique, par M. Houry.

Nouvelle géographie méthodique, par M. Michelot.

Notions de géographie générale formant une collection de modèles d'écriture, par M. Fayolle.

Vie de N.-S.-J.-C, par M. Ansart.

Choix de lectures, ou leçons abrégées de littérature et de morale, par M. Daniel.

Tableaux synoptiques et chronologiques de géographie, par M. Paradis.

La Ruche, journal d'études, par mesdames Louise Belloc et Montgolfier.

Manuel des aspirantes aux brevets de capacité pour l'instruction primaire, par M. Lamotte (le questionnaire n'est pas compris dans cette autorisation).

Premier livre de lecture, par M. Delapalme.

Valentin, ou le jeune orphelin, par Berquin.

Petite géographie moderne, par Ansart.

Principes géométriques des écritures romaine et gothique, par M. Berliner.

Instruction populaire sur les secours à donner aux noyés et aux asphyxiés.

Méthode pour étudier la langue allemande, par feu M. Kientz.

Abrégé de géographie, par Delpierre.

Le livre de l'enseignement primaire , par madame Rosa de Saint-Surin.

Atlas élémentaire, simplifié par M. Andriveau-Goujon.

Méthode pour apprendre le piano à l'aide du guide-main, par Fred. Kalkbrenner.

Théorie sur l'extinction des incendies, ou nouveau manuel des sapeurs-pompiers, par M. Paulin.

Petit catéchisme historique de Fleury, en allemand, par Romon-Bitch.

Histoire ancienne mise à la portée des enfants, par Beleze.

Atlas universel dressé par M. Charle.

Petite géographie ancienne comparée, par MM. Meissas et Michelot.

Petit Dictionnaire de l'Académie française, par MM. les correcteurs de la typographie de MM. Didot.

Géographie historique du département des Ardennes, par M. Hubert.

Système métrique et légal des poids et mesures mis en rapport avec les anciennes mesures en usage dans le département de la Vendée, par le frère Astier.

Manuel d'agriculture pour les départements du Nord de la France, par M. Victor Rendu.

Nouvelle méthode de dessin élémentaire, par M. Voyart.

Campagne d'Italie par Bonaparte.

Histoire de Napoléon, par Savagner.

Campagnes d'Espagne et du Portugal, sous l'empire, par M. Bergeron.

Histoire des peuples de l'antiquité, par M. Lebas.

Histoire du moyen-âge, par M. Lebas.

Cours de cosmographie, par M. Mutel.

Nouvelle méthode de lecture dédiée à l'enfance, par madame Jouan.

Manuel législatif et administratif de l'instruction primaire, par M. Kilian.

Tableaux ou pupitres pour les jeunes aveugles, par M. Ferdinand Saint-Léger.

Carton bitume destiné à remplacer les ardoises, par M. Dejernon.

Bible de l'enfance, par M. l'abbé Martin de Noirlieu.

Instruction sur le système métrique ; conversion des anciennes mesures, par M. Tisserand.

Cours de dessin et de géométrie élémentaire, par M. Marion de Beaulieu.

Cours de lecture sans épellation, par M. Hippolyte Vannier.

Nouvelle méthode de plain-chant, par M. Mathieu.

Petite géographie de la France, par M. Poulain de Bossay.

Nouvelle géométrie théorique et pratique, par M. Sonnet.

Exposé raisonné des principes de la musique, par M. Al. Bergerre.

Essai sur l'éducation, et spécialement sur celle d'un sourd-muet, par M. Désiré Ordinaire.

Eléments d'agriculture pratique, de David Low, traduits par Lainé.

Histoire sacrée par M. E. de Bonnechose.

Éléments d'arithmétique décimale, par M. Sarrut.

Notions élémentaires du droit français, par M. Grun.

De l'Harmonie dans ses rapports avec le culte religieux, par l'abbé Pierre.

Les poids et mesures du système métrique dans leur simplicité primitive, par M. Saigey.

L'Education, poëme, par M. Boyer.

Méthode facile pour apprendre à analyser en peu de temps la langue française, par M. Ronquié.

Tableaux de la petite grammaire des écoles primaires, rédigée par MM. Lorain et Lamotte.

Manuel chrétien des enfants, par M. l'abbé Guillon.

Grammaire française, par M. Belèze.

Choix de morceaux, *fac simile* d'écrivains contemporains et de personnes célèbres, publiés par M. Eugène Cassin.

Connaissances locales à l'usage des écoles primaires de l'arrondissement de Castres, deuxième partie (histoire.)

Anthologie ou recueil de morceaux-modèles de littérature allemande.

Nouvelle calligraphie, par M. Alphonse Lesourd.

Calligraphie moderne, par M. Carnevin.

Méthode musicale harmonienne, par M. Decheneaux.

Nouveau traité des devoirs du chrétien envers Dieu, par L. C. et F.-P. B.

Les Œufs de Pâques, contes, par le chanoine Schmidt, allemand et français en regard, le premier chapitre avec la traduction interlinéaire, par M. Mall.

Racconti istorici da Piranezi.

La pratique des poids et mesures du système métrique par M. Saigey.

Nouveau manuel du tenue de livres, par M. Tremery.

Nouveau manuel complet des poids et mesures, par M. Tarbé.

Recueil de *fac simile* de toute espèce d'écritures françaises et anglaises.

Petite Histoire de France, par M. Ansart.

Précis de l'Histoire sainte, par M. Ragon.

Petit atlas historique de la France, par M. Denaix.

Instruction sur l'application de la méthode d'écriture de Belèze.

Méthode sémaphorique, par M. Vacca.

Guide et formulaire pour la rédaction des actes de l'état civil, par M. Grun.

Atlas historique de l'Europe, par M. Denaix.

Tableau de projection pour l'enseignement de la géographie, par MM. Dauphin et Lévêque.

Essai analytique sur les subdivisions et parties décimales de l'unité dans les mesures cubiques, par M. Maréchal.

Les Charmes de l'ermitage, par madame Brun.

Le Raccordateur, nouveau genre d'écriture pour les enfants, par M. Werdet.

Le Raccordateur et Régulateur des lettres de l'alphabet métrique, par M. Werdet.

Traduction en italien d'un petit traité de morale, publié par un membre de l'Université.

Recueil d'écritures allemandes pour exercer à la lecture des manuscrits, par MM. Sommer et Kraffc.

Guide du bonheur, ou recueil de pensées, maximes et prières, par M. B. D.

Cahier contenant des modèles tracés pour se perfectionner et apprendre tous les genres d'écriture, par M. Taupier.

Nouveau petit manuel classique des poids et mesures, par M. Tarbé.

Une école de plus, une prison de moins, par M. Houry.

Traité de morale, à l'usage des écoles primaires, par un membre de l'Université.

Le Palingraphe ou atlas reproducteur, nouvelle méthode géographique.

Le Livre de l'enfance chrétienne, ou instructions religieuses d'une mère à ses enfants.

Leçons sur le système métrique, par M. Thirion.

Cours d'instruction morale et religieuse, par M. Moisson.

Histoire ancienne et histoire romaine, par MM. A. Rendu fils et Ansart.

La Croix de Jésus, petit manuel des enfants, par madame de Saint-Surin.

Histoire d'Angleterre, par M. Roche.

Système métrique et légal des poids et mesures, par un frère de la doctrine chrétienne.

Histoire naturelle des oiseaux, des reptiles et des poissons, par M. l'abbé J.-J. B.

Tableau du système métrique décimal, dressé sous la direction de M. Sarrut.

Système métrique décimal des poids et mesures avec des exercices gradués sur chaque unité des mesures, par L.-C. et F.-P. B.

Jacques l'instituteur ; entretien sur l'histoire naturelle, et sur ses applications, mêlé de réflexions morales, par Ad. Lasaulce.

Éléments de mécanique, par le capitaine Kater et le docteur Lardner, traduits par Cournot.

Traité d'astronomie, par Herschell traduit par Cournot.

Cours d'Histoire sainte divisée en huit époques ; l'histoire de France et quelques notions sur les anciens et les nouveaux peuples, par L. C. et F.-P. B.

De la prononciation française, par Jeamougin.

Cours élémentaire d'arithmétique, par M. Godard.

Dictionnaire des langues française et allemande, par M. Herschell.

Histoire du moyen-âge, et histoire moderne, par M. Ambroise Rendu fils.

Cosmographie des écoles, par Bergery.

Géographie du département de l'Eure, par M. Gadebled.

Traité des poids et mesures, par M. Henne.

Exposition raisonnée du système métrique décimal, par M. Vissiot.

La Musique simplifiée dans sa théorie et dans son enseignement, première partie, mélodie, par M. Busset.

Récits de l'Ancien Testament, par M. Montandon.

Nouvelles lectures graduées; conversation enfantines, par M. H. A. Dupont.

Géographie historique, par M. F. Ansart.

Histoire de France, par M. Ansart.

Bien-être et concorde des classes du peuple français, par M. le baron Charles Dupin.

Cartes géographiques de l'Europe, de la France, de l'Afrique, de l'Amérique, de l'Asie, de l'Océanie, de la Palestine et de la Mappemonde, publiées par M. Pitois-Levrault.

Atlas de géographie moderne, par M. Poulain de Bossay.

Solides de géométrie, exécutés à une grande échelle, par M. Belargent.

Méthode simple et raisonnée du calcul mental, par J.-B. Leroy.

Traité de la comptabilité agricole, par M. le vicomte Pérault de Jotemps.

Cours de pédagogie, par M. Ambroise Rendu fils.

Manuel pour les écoles primaires communales de filles, par mademoiselle Sauvan.

Lectures allemandes à l'usage des classes moyennes des écoles primaires, par M. Willm.

Petit dictionnaire français-allemand et allemand-français, publié par madame Levrault.

Historiettes sur la chimie. par M. Huttemin.

A, B, C musical, ou solfége, par Auguste Panseron.

Abrégé du recueil des mots français, rangés par ordre de matières, par M. Pautex.

Petit Atlas historique et géographique ancien et moderne, par M. Ansart.

Premier livre de lecture courante, extrait de l'Histoire sainte, par M. Dupont.

Abrégé de géographie commerciale et industrielle , par M. Sardou.

Des moyens d'éducation morale et religieuse pour la jeunesse protestante, par M. Brun, pasteur.

Petit recueil des mots les plus usités dans le discours familier, par le docteur Otto (en allemand).

Petit livre de conversation, allemand-français par M. Otto.

La musique simplifiée dans sa théorie et dans son enseignement, deuxième partie (harmonie), par M. Busset.

Histoire de France mise à la portée des enfants, par M. Belèze.

Des Sociétés de bienfaisance mutuelle , ou des moyens d'améliorer le sort des classes ouvrières, par M. Cerfbeer.

Éléments d'arithmétique, par M. Debrun.

Système métrique des poids et mesures, par M. Debrun.

Petit cours de géographie générale et de géographie de la France, par M. Cortembert.

Les fruits d'une bonne éducation , par le chanoine Schmidt, traduits par M. Didier.

Timothée et Philémon, par le chanoine Schmidt, traduit par M. Didier.

Traité élémentaire d'arithmétique, par M. Lucchesini.

Correspondances et mémoires d'un voyageur en Orient, par M. Eugène Boré.

Entretiens sur l'histoire naturelle et sur ses applications; deuxième partie, oiseaux, par M. Lasaulce.

Nouveau livre de lecture, offrant un tableau historique de la religion, par M. Moreau.

Métrologie française, par M. Souquet.

Eléments d'astronomie ou cosmographie par M. A. Mutel.

Eléments d'arithmétique, par mademoiselle Laure Mutel.

Manuel théorique et pratique de la langue française, par M. Gillard.

Manuel de géométrie, de dessin linéaire, d'arpentage et de nivellement, par MM. Normand aîné et Rebout.

Vocabulaire étymologique des racines allemandes, par M. Kley.

Petit manuel d'éducation, ou lectures à l'usage des jeunes filles, par M. Sirey.

Leçons de botanique, par M. Auguste de Saint-Hilaire.

Cours de grammaire française, par M. Sardou.

Messe composée pour trois voix avec accompagnement d'orgue ou de piano et contre-basse *ad libitum*, par M. Courtin.

Éléments de comptabilité rurale, par Armand Malo.

Leçons et exercices sur les poids et mesures métriques, par M. Sardou.

Traité élémentaire d'arithmétique, par M. Laforest.

Traité élémentaire d'arpentage, par M. Luçon.

Mélanges religieux, par mademoiselle Nathalie Pitois.

Histoire de France, par Poulain de Bossay.

Nouveau traité du système métrique légal, démontré à l'aide d'un mécanisme en bois, par M. Lemée.

Comment Henri d'Eichenfels parvint à la connaissance de Dieu, par le chanoine Schmidt, traduit par M. Didier.

Paléographie des chartes et des manuscrits des XIe au XVIIe siècle, par M. Chassant.

Leçons d'arpentage et de lever des plans, par Gimelli.

Direction morale pour les instituteurs, par M. Barrau.

De l'éducation populaire et des écoles normales primaires, par M. Dumont.

Dictionnaire universel d'histoire et de géographie, par M. Bouillet.

Harmonion, recueil de soixante chants, à deux, trois et quatre voix égales, par Romagnesi.

Conférences sur les devoirs des instituteurs primaires, par M. Salmon.

La Morale en action, ou les bons exemples, ouvrage publié sous les auspices de MM. B. Delessert et de Gérando.

Histoire naturelle extraite du Nouveau Magasin des Enfants, par mademoiselle de Chabaud-Latour.

Géographie du pays d'Israël, par mademoiselle de Chabaud-Latour.

Vie de Jésus-Christ, par MM. l'abbé Joubert et Fousset.

Tableau synoptique des poids et mesures, par Marechal.

Histoire de France, par M. Ragon.

Abrégé d'Histoire sainte, par M. E. de Bonnechose.

Exercices élémentaires sur la langue hébraïque, première partie, par M. Cahen.

Abrégé d'arithmétique, par Cirodde.

Histoire moderne, par Belèze.

Traité des principes élémentaires et constitutifs de la musique, par M. Blondeau.

Eléments de botanique, par M. de Jussieu.

Eléments de minéralogie et de géologie, par M. Beudant.

Éléments de zoologie, par M. Milne-Édwards.

Manuel de police judiciaire, par M. Berriat Saint-Prix.

Abécédaire allemand.

Abrégé de grammaire française ; simples leçons recueillies pour une école rurale du canton de Pange.

Tableau synoptique et démonstratif du système légal des poids et mesures, par M. Daléchamps.

Petit dictionnaire raisonné des difficultés et exceptions de la langue française, par MM. Soulice et Sardou.

L'histoire sainte, par M. Lamé-Fleury.

La Providence révélée dans ses moindres ouvrages, par Rendu.

Petite morale en action, par M. Frémont.

Petites leçons de littérature et de morale, par M. Frémont.

Orphéon, par M. Wilhem.

Explication familière des principales vérités de la religion.

Abrégé de la sainte Bible, par A. Dupont.

LISTE des principaux instruments et appareils qui doivent composer les cabinets et collections des Écoles normales primaires.

Nota. Nous avons cru convenable de placer ici, comme simple indication pour les commissions de surveillance et les directeurs des écoles normales, une liste des principaux instruments et appareils qui nous semblent devoir composer les cabinet de physique, laboratoire de chimie et collections nécessaires pour l'enseignement.

Géométrie, géométrie descriptive et applications à l'industrie. — Dessin.

	fr.	c.
Collection de 30 solides en bois pour l'enseignement de la géométrie : prismes, pyramides, cylindres, sphères, sphéroïdes, cônes, parallélipipèdes......................................	39	»
Collection de 56 figures en bois avec un numéro correspondant aux divers théorèmes de la géométrie de Legendre......................	100	»
Démonstration du carré de l'hypothénuse, exécutée en bois............................	7	»
Formation du cube d'un nombre composé de dizaines et d'unités, exécutée en bois.........	2	»

	fr.	c.
Collection de 6 modèles en bois d'intersections de cylindres, de cônes, de parallélipipèdes, etc.	90	»
Collection de 13 figures en relief pour démontrer les préliminaires de la géométrie descriptive	85	»
Collection de 60 figures, grand modèle, avec un numéro correspondant aux diverses leçons de cours de géométrie et de mécanique appliquées aux arts et métiers de M. Dupin	210	»

Modèles de dessin en relief d'après la méthode de M. Dupuis.

Modèles en fil de fer et en bois pour l'enseignement du dessin linéaire, par M. Dupuis.

Arpentage.

	fr.	c.
Chaîne d'arpenteur, en fil de fer, à poignées, de 10 mètres, avec fiches et chaînons	5	»
Équerre d'arpenteur, gros modèle avec fenêtre	10	75
idem à fenêtre et à boussole.	16	»
idem divisée en degrés à boussole, à genou et à double mouvement qui permet de s'en servir comme d'un cercle entier	54	»
Grand niveau d'eau tout en fer-blanc avec fioles en verre	7	50
Jalon avec douille en fer aciéré	3	»
Niveau à bulle d'air, à rappel, et vis de pression, de 22 centimètres, divisé par millimètres, sur le talus	16	»
Graphomètre de 14 centimètres, avec boussole, à pinnule simple, donnant la minute	42	»
Pied de graphomètre	6	»
Boussole à lever les plans de 19 centimètres, divisée en 1|2 degrés avec lunette et niveau	70	»
Déclinatoire de 19 centimètres, monté sur agate, la plaque divisée par 1|2 degré	15	»

Echelle de proportion en cuivre avec quatre

	fr.	c.
divisions 1,250, 2,500, 5,000 et 10,000.......	5	50
Planchette à rouleau en cliquetage pour tendre le papier, genou à vis de pression.........	48	»
Alidade à pinnule de 55 centimètres, échelle sur la règle.............................	30	»
Mire à coulisse, pouvant déployer 4 mètres d'élévation.............................	35	»
Pantographe en bois......................	8	75

Mécanique et applications à l'industrie.

	fr.	c.
Double cône pour le centre de gravité.......	14	»
Appareil pour la démonstration du levier avec les poids nécessaires pour les expériences.....	42	»
Appareil des trois leviers combinés........	42	»
Appareil pour la théorie du fléau de la balance.	45	»
Modèle de la balance romaine.............	50	»
Appareil pour démontrer tous les systèmes de poulies simples et mouflées avec les poids nécessaires pour toutes les expériences............	112	»
Poulie à gorge concentrique pour démontrer son rapport au levier......................	35	»
Appareil pour démontrer qu'il est égal que la corde embrasse une partie plus ou moins grande de la poulie.............................	50	»
Modèle de cric..........................	28	»
id. de chèvre......................	11	»
id. de treuil......................	14	»
id. de cabestan....................	11	»
id. de roue de carrière..............	24	»
id. de grue.......................	21	»
id. de mouton.....................	14	»
id. de vis sans fin.................	21	»
id. d'engrenage à 45 degrés............	25	»
id. de roue à eau..................	28	»
Appareil des roues dentées pour la théorie de l'horloge simple.........................	84	»
Appareil du plan incliné se levant et s'abaissant par une vis de rappel....................	25	»

	fr.	c.
Appareil pour le développement de la vis et son rapport au plan incliné....................	4	50
Cylindre remontant un plan incliné.........	12	»
Modèle de la vis d'Archimède en verre montée en cuivre...............................	50	»

Pesanteur, mouvement et équilibre des corps.

	fr.	c.
Machine d'Attwood pour les lois de la gravitation................................	245	»
Modèle de balancier ou pendule à compensation................................	21	»
Appareil à 7 billes d'ivoire, de poids égaux, pour la communication du mouvement........	56	»
Plan de marbre noir et bille d'ivoire pour l'élasticité................................	14	»
Appareil pour démontrer le principe d'Archimède................................	21	»
Balance hydrostatique, montée sur une colonne en cuivre, avec une collection de billes, de cylindres, de cubes et de vases nécessaires pour les expériences.....................	160	»
Aréomètre de Nicholson en laiton avec une capsule renversée et à jour, pour les corps plus légers que l'eau, et une éprouvette en cristal...	12	»
Aréomètre de Fahrenheit..................	9	»
Aréomètre universel pour tous les liquides avec thermomètre........................	15	»
Alcoomètre centésimal de Gay-Lussac........	2	»
Appareil pour la pression de bas en haut....	12	»
Flacon percé pour la pression latérale........	4	50
Ludion à pompe pour la théorie de l'aérostation................................	24	»
Appareil des tubes capillaires..............	10	»
Modèle de pompe aspirante et foulante, à réservoir d'air...........................	140	»
id. id. aspirante élévatoire.	140	»
Fontaine de Héron, toute en verre, montée en		

	fr.	c.
bois..	10	»
Fontaine intermittente, en cristal, montée en cuivre..	63	»
Les deux verres à diabète.....................	6	»
Pompe de cellier et de tonnelier, en verre..	1	50
Presse hydraulique, avec corps en cristal et pompe alimentaire...............................	250	»
Bélier hydraulique de Montgolfier...........	170	»

Pesanteur, élasticité et compressibilité de l'eau.

	fr.	c.
Machine pneumatique à deux corps de pompe en cristal, avec éprouvette, platine de 22 centimètres..	300	»
Table pour la machine pneumatique.........	25	»
Trois cloches en cristal usées à l'émeri pour idem..	8	»
Cloche en cristal avec boîte en cuir et tige pour agir dans l'intérieur et diverses pièces pour l'électricité dans le vide......................	35	»
Récipient, dit crève-vessie....................	4	»
Récipient ouvert pour poser la main.........	3	»
Récipient à virole dit coupe-pomme.........	4	50
Baromètre à cuvette portatif et échelle mobile sur planchette acajou...........................	40	»
Baromètre portatif de Gay-Lussac...........	40	»
Récipient avec deux baromètres, l'un dans l'intérieur, l'autre à l'extérieur...............	28	»
Appareil pour la congélation de l'eau dans le vide..	14	»
Hémisphère de Magdebourg, de 8 centimètres de diamètre..	18	»
Ludion ou figure d'émail, dans un vase de cristal, qui monte et descend dans le vide.....	4	50
Timbre à rouage pour l'expérience du son dans le vide..	42	»
Briquet à rouage pour l'expérience du feu dans le vide..	84	»

	fr.	c.
Appareil à jet d'eau dans le vide............	29	»
Appareil pour la porosité dit pluie de mercure..................................	21	»
Pompe aspirante sur un récipient, pour prouver qu'elle est sans effet dans le vide..........	24	»
Grand tube pour la chute des corps.........	28	»
Boîte renfermant une vessie qui soulève un poids par la dilatation de l'air..............	5	»
Double moulinet pour la résistance de l'air..	44	»
Moulinet simple et récipient percé pour démontrer la rentrée de l'air............:....	17	»
Balance pour démontrer l'impossibilité de connaître le poids réel d'un corps dans le vide.	35	»
Marteau d'eau............................	3	»
Bouillant de Franklin.....................	2	»
Batte pouls..............................	2	»
Fontaine de compression d'environ 6 litres, avec pompe foulante, et ajutage pour jet d'eau.	84	»
Briquet en cristal à air comprimé, pour voir le dégagement du calorique.................	13	»
Tube de Mariotte, pour la loi des pressions atmosphériques	10	»

Calorique.

	fr.	c.
Thermomètre à mercure, sur planchette acajou, division sur métal......................	6	»
id. à alcool, id.........	5	»
Thermomètre à *maxima* et à *minima*........	10	»
Thermomètre différentiel, de Leslie.........	10	»
Thermoscope de Rumford..................	10	»
Deux cylindres en fer-blanc, avec fond en laiton, montés sur pieds en bois, pour le thermoscope................................	20	»
Appareil pour l'inégale conductibilité pour le calorique avec cylindre en argent............	24	»
Deux grands miroirs paraboliques concaves, en cuivre poli, montés sur des guéridons en bois		

	fr.	c.
avec armatures en bois, pour la réflexion des rayons calorifiques, miroirs de 44 centimètres de diamètre...	105	»
Cube de 11 centimètres de côté, ayant quatre faces de différents métaux, et des faces de rechange peintes de différentes couleurs, monté sur un pied, pour les expériences de Leslie sur le calorique	18	»
Calorimètre de Lavoisier, en fer-blanc vernissé, monté sur un trépied en fer...................	56	»
Pyromètre à cadran vertical, pour comparer la dilatation des différents métaux, garni de verges de plusieurs métaux......................	25	»
Pyromètre à deux règles, de différents métaux..	25	»
Pyromètre de Wedgwood.....................	22	»
Appareil pour le maximum de densité de l'eau avec deux thermomètres.......................	14	»
Eolipyle, monté sur un chariot pour la réaction par la vapeur.............................	42	»
Eolipyle à manche pour la vaporisation de l'eau	14	»
Lampe à éolipyle, montée sur une tablette, propre à souffler le verre.....................	21	»
Marmite ou digesteur de Papin, pour l'expansion de la vapeur, avec soupape de sûreté, fermant par un ressort ou par des poids à volonté, avec un levier à contre-poids, de la capacité d'un demi-litre	115	»
Petit modèle de machine à vapeur, à quatre colonnes, avec chaudière.....................	350	»
Hygromètre à cheveu, cage à jour..........	28	»
Pluviomètre en cuivre......................	25	»

Electricité.

Machine électrique à plateaux en glace de 55 centimètres, montée sur une table, à deux conducteurs, portés sur quatre colonnes en cristal, avec tabouret isolant, bouteille de Leyde, électromètre, excitateur et chaîne................ 280 »

Deux bouteilles de Leyde pour donner la commotion............................ 3 »

Bouteille de Leyde étincelante............ 3 »

Bouteille d'Ingenhous, ou électricité de poche. 5 50

Bouteille de Leyde, se chargeant par cascade, dite bouteille aux trois étincelles............ 10 »

Appareil pour la décomposition de la bouteille de Leyde................................ 7 »

Deux disques de métal isolés, et un en verre pour la théorie de la bouteille de Leyde et de l'électrophore......................... 12 »

Excitateur à charnière, à deux manches en verre.............................. 17 »

Excitateur dit universel pour la fusion des métaux et pour diverses expériences............ 25 »

Conducteur à crochets, d'un mètre de longueur.............................. 3 50

Conducteur double à tirage, s'allongeant à volonté.............................. 8 50

Tableau magique de Franklin............ 5 »

Tableau étincelant..................... 5 »

Batterie électrique de quatre bocaux dans une boîte............................. 28 »

Electromètre à cadran d'émail et engrenage.. 28 »

Bouteille électrométrique pour modérer la commotion à volonté................... 15 »

Electroscope à balles de sureau............ 15 »

Appareil à balles de sureau............... 15 »

Carillon à trois timbres, pour suspendre à un conducteur............................ 7 »

Carillon à trois timbres sur bouteille de Leyde.............................. 14 »

Maisonnette pour démontrer les effets de la foudre et la propriété du paratonnerre........ 25 »

Pistolet de Volta, en fer-blanc vernissé....... 3 »

	fr.	c.
Batterie de six pistolets, sur un plateau isolé.	25	»
Canon de Volta isolé, à gaz hydrogène, qui s'électrise avec une peau de chat.............	21	»
Chasseur et son but tirant sur le miroir magique.......................................	7	»
Mortier électrique pour lancer une bille....	7	»
Arbre électrique à jet, aiguilles tournantes..	14	»
Soleil tournant sur une pointe............	5	»
Théâtre de pantins avec figures en sureau....	28	»
Thermomètre électrique de Kinerstley......	11	»
Appareil à décomposer ou gazéifier l'eau par l'électricité..................................	34	»
Petit vase pour enflammer l'esprit de vin par l'étincelle électrique.......................	4	»
Appareil pour percer le verre..............	15	»
Presse pour la fusion de l'or avec découpure pour faire un portrait par l'étincelle d'une batterie...................................	14	»
Balance de Coulomb dans un bocal cylindrique.....................................	65	»
Condensateur de Volta, à plan de taffetas ou de marbre et disque de métal................	24	»
Electroscope à feuilles d'or de Volta, avec condensateur en laiton......................	24	»
Pointe en cuivre avec une boule à l'extrémité.	4	»
Pendule électrique.......................	3	»
Cylindre en verre dépoli d'un bout.........	3	»
Cylindre en gomme laque ou cire rouge.....	3	»
Electrophore composé d'un plateau de résine de 33 centimètres, d'un disque de bois et d'une peau de chat................................	17	»
Plateau de résine, de 27 centimètres, avec un soufflet, et les poudres mélangées pour les deux électricités................................	18	»
Globe en cristal, garni d'un robinet et d'une tige mobile pour faire voir l'effet de l'électricité dans le vide, dans l'air comprimé et à travers les différents gaz...........................	35	»

Récipient à matras pour l'expérience de la bouteille de Leyde dans le vide.............. 10 »

Tube étincelant pour les solutions de continuité............................... 10 »

Tableau étincelant, monté sur un pied, représentant divers dessins, ou inscriptions........ 11 »

Galvanisme.

Pile de Volta, composée de soixante couples, zinc et cuivre, de 4 centimètres de diamètre, montée entre trois tubes de verre............ 35 »

Pile en auge, composée de trente éléments, zinc et cuivre, d'environ 5 centimètres sur 8, soudée et mastiquée dans une auge en bois..... 35 »

Pile de Wollaston à immersion, avec bocaux en verre, composée de six éléments.......... 58 »

Nouvelle pile à immersion du docteur Clark. 30 »

Petite pile sèche, montée sur socle acajou, à jeu de bague............................. 100 »

Petite pile sèche............................ 10 »

Appareil à un seul élément pour brûler les métaux, avec bocal en verre................. 13 »

Appareil à décomposer l'eau par l'action galvanique, garni de fil de platine, avec deux cloches pour recueillir les deux gaz séparément... 13 »

Deux disques, zinc et cuivre isolés pour la théorie de la pile.......................... 6 »

Excitateur zinc et cuivre pour la grenouille... 2 25

Lames zinc et cuivre pour les contacts....... 2 25

Appareil galvanoplastique avec ses accessoires et les substances nécessaires pour dorer, argenter et reproduire par la galvanisation les médailles, etc............................. 100 »

Electro-magnétisme.

Multiplicateur de Schweigger pour la déviation de l'aiguille aimantée par le simple contact de deux disques, zinc et cuivre, avec aiguille... 45 »

	fr.	c.
Appareil à platine de zinc de M. Ampère, pour produire la rotation d'un conducteur circulaire avec un faisceau de barreaux aimantés..........	42	»
Nouvel appareil électrico-magnétique, du docteur Clark...............................	140	»
Appareil électro - magnétique, ou aimant, monté sur une machine de rotation, propre à donner la commotion, et à décomposer les liquides...................................	180	»
Electro-aimant de M. Pouillet, composé d'un fer à cheval en fer doux, entouré d'un fil métallique revêtu de soie, dont les extrémités communiquent aux deux pôles d'une pile, avec un contact pour suspendre les poids.............	42	»

Magnétisme.

	fr.	c.
Aimant artificiel en fer à cheval avec support.	50	»
Boîte de deux barreaux aimantés avec leur contact de 33 centimètres..................	24	»
Barreau aimanté dans son étui avec tonton magnétique................................	6	50
Aiguille aimantée à chape d'agate et son pivot...................................	6	»
Appareil pour démontrer que l'action de l'aimant a lieu à travers différentes substances....	56	»
Aiguille d'inclinaison ordinaire simple......	25	»
Boussole terrestre ronde, en cuivre, de 8 centimètres de diamètre, avec cadran en papier dans l'intérieur.............................	6	60
Boussole marine, grand modèle, avec doubles anneaux à la rose, montée sur chape d'agate, dite compas de route......................	27	»
Boussole de géologue pour les mines........	26	»
Thermomètre circulaire, avec boussole au milieu.................................	13	50

Acoustique.

	fr.	c.
Sirène acoustique de M. Cagnard de la Tour, avec un compteur..........................	100	»
Cloche de verre suspendue pour les vibrations................................	35	»
Sonomètre, ou monocorde, avec règle divisée, poids et chevalets mobiles....................	56	»

Optique.

	fr.	c.
Prismes montés en cuivre, sur pied, à mouvement en tous sens........................	35	»
Lentilles convexes et concaves, d'environ 11 centimètres de diamètre, montées en cuivre, sur pied, à mouvement : les deux................	32	»
Appareil à sept miroirs parallèles pour la réunion des sept couleurs prismatiques et la recomposition de la lumière....................	100	»
Miroirs plan, concave et convexe, en glace, montés sur leurs pieds, mobiles sur leurs axes : les trois..............................	105	»
Appareil pour la réflexion de la lumière, cercle en bois...............................	100	»
OEil artificiel, monté, partie en bois, partie en cuivre.............................	30	»
Microscope composé, à trois lentilles de rechange, avec pince, porte-objets pour les insectes et les liquides......................	32	»
Microscope portatif, ayant trois lentilles achromatiques, deux tuyaux d'oculaires de rechange, avec appareil pour les corps opaques et divers accessoires......................	120	»
Chambre noire, à tirage, à glace dépolie pour le portrait et le paysage..................	30	»
Chambre claire, à tirage, à pied rond, avec glace parallèle, selon Amici, verres blancs et de couleurs............................	44	»

	fr.	c.
Loupe à lire avec monture en bois et manche..	5	»
Loupe à brûler...............................	6	»
Lunette portative de 66 centimètres, huit tirages, avec recouvrement.....................	54	»
Lunette marine, gros modèle, dite de jour et de nuit, à trois tirages avec recouvrement.....	51	»
Fantasmagorie en fer-blanc, petit modèle avec douze tableaux dont six à mouvement.........	250	»
Daguerréotype complet......................	125	»

Laboratoire de chimie.

Balance avec colonne, à boule ou à index, montée en cordons verts de 42 centimètres.....	50	»
Tablette avec étriers, cercles et plateaux mobiles....................................	36	»
Boîte en noyer d'un kilogramme, divisée par grammes..................................	15	»
Cuve à mercure en pierre de liais, contenant 50 kilogrammes.............................	40	»
Cuve pneumato-chimique, en bois, doublée en plomb..................................	42	»
Cuve pneumato-chimique, en métal vernissé.	25	»
2 cloches à robinet pour les gaz de 2 à 6 litres sans graduation.........................	12	»
2 id. graduées en partie de litre........	15	»
2 ballons en cristal garnis d'un robinet, s'adaptant à ces cloches......................	10	»
2 vessies à robinet avec un tube d'ajutage.	8	»
3 éprouvettes graduées en partie du litre.	5	»
3 tubes de verre fermés et gradués, pour mesurer les résidus gazeux.....................	4	»
Eudiomètre garni en fer pour la cuve à mercure...................................	10	»
Eudiomètre à soupape de Gay-Lussac........	20	»
Lampe à distiller de Berzélius, tout en cuivre....................................	20	»

	fr.	c.
Laboratoire portatif, ou lampe à distiller de Guyton-Morveau	84	»
Modèle de la lampe de sûreté de Davy, à toile métallique	10	»
Lampe ou briquet électrique, à gaz hydrogène et à mousse de platine....................	20	»
Appareil en plomb et cuivre pour le dégagement du gaz hydrogène........................	23	»
Appareil permanent de Guyton-Morveau pour la désinfection de l'air.........................	20	»
Table à souffler le verre avec sa lampe.......	48	»
3 ballons en baudruche, de diverses grandeurs...................................	9	»
3 Filets pour retenir les ballons............	2	»
Siphon en fer-blanc, pour remplir les aérostats	6	»
Marteau en acier trempé, poli, dont le manche sert à piler, avec tas d'acier................	16	»
Cassette de minéralogiste...................	140	»
Chalumeau en argent, à réservoir et à mouvement, ajutage en platine....................	28	»
Alambic en cuivre avec serpentin et bain-marie, de 4 à 5 litres......................	112	»
Boîte à réactif en noyer, garnie de flacons à étiquette vitrifiée........................	75	»
Divers outils en fer, tels que râpes, limes cuillers, marteaux, pinces, vrilles, cisailles, scies, grilles, enclumes, fil de fer, mortiers de fonte, etc.................................	60	»
Mortiers en cuivre, en agate, en marbre, en cristal.................................	35	»
Entonnoir de cuivre pour la cuve d'eau......	15	»
Mortier d'acier et dépendances............	15	»
Canon de fusil, étau......................	30	»
Assortiment de substances premières........	100	»
20 cornues de grès.....................	12	»
Creusets en terre et en porcelaine...........	25	»

Fourneaux à réverbère de **22, 19, 16, 14** centimètres,

    Fourneaux de coupelle,   50 »

    Fourneaux pour les tubes,

8 capsules de porcelaine,

12 tubes   id.   40 »

Mortier de porcelaine...................... 10 »

3 kilogrammes de tubes de verre assortis.... 9 »

20 cornues de verre , depuis 2 litres jusqu'à
un décilitre............................... 12 »

    6   id.   tubulées..................... 9 »

    6   id.   bouchées à l'émeri........... 12 »

6 allonges................................. 3 »

Mortier de verre.......................... 4 »

5 cloches de cristal........................ 10 »

10 cloches à douille et à bouton............. 10 »

12 flacons de Wolf......................... 12 »

30 flacons à bords renversés............... 12 »

20 flacons à l'émeri........................ 20 »

25 tubes de sûreté......................... 18 »

10 entonnoirs assortis...................... 4 »

20 verres à pied........................... 8 »

10 éprouvettes à pied...................... 9 »

10   id.   à mercure................. 9 »

20 matras, depuis 2 litres jusqu'à 2 décilitres. 16 »

12 matras tubulés.......................... 12 »

10 ballons tubulés.......................... 20 »

50 fioles................................... 10 »

20 flacons à étiquettes indélébiles........... 25 »

Fontaines, terrines, cruches................ 25 »

Tamis, bouchons, liége en plaques.......... 20 »

Valets en bois , et supports à vis............ 20 »

Etuve à quinquet.......................... 40 »

Histoire naturelle.

Collection de minéraux.
Collection de botanique.
Collection de zoologie.

19

Géographie

Globe aérophyse terrestre de 50 centimètres de diamètre, avec sa monture.................... 120 »

Globe céleste de 25 centimètres............. 24 »

Globe terrestre de 25 centimètres, avec méridien en carton............................ 35 »

Sphère de Copernic à quart de cercle, en cuivre, avec toutes les planètes figurées....... 32 »

Sphère de Ptolémée..................... 35 »

Sphère par M. Dubois-Loyseau.

Sphère armillaire, par M. Descrivani.

Nouveau modèle de globe, composé d'une sphère terrestre enveloppée d'une calotte qui s'ouvre en deux et dont l'intérieur représente les deux hémisphères de la voûte étoilée.

Machine géocyclique, par Jambon ou par le frère C................................. 600 »

Plan relief de la France.

Plan relief de l'Europe.

Appareil pour démontrer l'aplatissement de la terre à ses pôles........................ 28 »

Appareil pour démontrer la précession des équinoxes................................ 28 »

Modèles d'instruments aratoires en fonte.

Charrue Dombasle,

Charrue Rosé,

Charrue à âge cintré,

Charrue tourne-oreille,

Charrue à butter,

Houe à cheval,

Rayonneur,

Herse parallélogramme,

Volée d'attelage à deux palonniers,

Rouleau,

Extirpateur à cinq socs,

Hache-paille rotatif à trois lames,

Machine à concasser l'avoine et autres graines pour la nourriture des bestiaux,

Coupe-racines à disque,

Tarare ou machine à vanner, à cylindre cribleur.

Le prix de ces quinze modèles d'instruments aratoires est de 280 fr.

OBSERVATIONS *sur les résultats qu'ont produits les Écoles normales primaires.*

Nous croirions n'avoir rempli qu'incomplétement notre tâche, si, après avoir présenté dans leur ensemble les lois, ordonnances et décisions qui régissent les diverses parties du service des écoles normales primaires, nous ne faisions pas connaître en même temps les résultats qu'ont produits ces établissements. Ils sont résumés dans une série de tableaux placés à la suite de ces observations.

Les écoles normales primaires ont pour objet de former des instituteurs pénétrés de l'importance de leur mission et capables de la bien remplir. Sur 30,644 instituteurs primaires communaux en fonctions au 1ᵉʳ janvier 1843, les écoles normales primaires en ont fourni 6,917. Ce chiffre n'exprime pas le nombre des instituteurs formés dans les écoles normales, lequel dépasse 8,000. Malheureusement l'exercice de la parole et les privations qu'impose la modicité de leurs revenus à des jeunes gens dont les organes n'ont pas encore complété leur développement exercent une funeste influence sur leur santé. Un grand nombre ont succombé aux fatigues de l'enseignement. Dans quelques départements de l'ouest la proportion des décès s'est élevée jusqu'à 2 sur 10. Elle est moins considérable dans les départements du midi.

Le tableau n° 1 fait connaître le nombre des instituteurs primaires communaux en fonctions au 1ᵉʳ janvier 1843, le nombre de ceux qui ont été formés dans une école normale primaire, et, pour faire apprécier le plus ou moins de progrès qu'a faits sous ce rapport chaque département, le nombre des instituteurs , anciens élèves-maîtres d'une école normale , sur une moyenne de 100 instituteurs en fonctions au 1ᵉʳ janvier 1843. Cette moyenne est pour toute

la France de 23 sur 100, ce qui prouve que les écoles
normales ont déjà fourni près du quart des instituteurs
primaires communaux en exercice. Au moment de la promulgation de la loi du 28 juin 1833, le nombre de ces
instituteurs était de 22,641. Il s'élevait à 30,644 au
1er janvier 1843. L'augmentation est de 8,003. Sur ces 8,003
nouveaux instituteurs, 1,086 seulement n'ont pas été formés
dans les écoles normales primaires, qui ont fourni les 6,917
autres ou les sept-huitièmes. Il est facile de voir, d'a-
près ces résultats, quelle grande part appartient à ces établissements dans l'augmentation du nombre des écoles,
comme dans l'amélioration qui s'est manifestée dans le personnel des instituteurs. On trouve, au surplus, la confir-
mation de ces résultats en examinant le classement des
instituteurs sous le rapport de leur âge. Ceux qui sont
entrés en 1833 dans les écoles normales primaires devaient
être âgés en moyenne de 18 ans. Ils avaient au 1er janvier 1843, 27 ans. Or, les instituteurs de 27 ans et au-des-
sous s'élevaient à cette époque à 7,677, savoir :

Instituteurs âgés de	27	ans.....	1,081
—	de 26	ans......	1,002
—	de 25	ans......	928
—	de 24	ans......	981
—	de 23	ans......	1,044
—	de 22	ans......	843
—	de 21	ans......	719
—	de 20	ans......	618
—	de 19	ans......	379
—	de 18	ans......	82
		Total.	7677

Sur lesquels 6,917 sortent des écoles normales primaires, qui auraient ainsi fourni les 9/10 des jeunes instituteurs.

Voici quel était, au 1er janvier de chacune des années

ci-après désignées, le nombre des instituteurs primaires communaux, anciens élèves-maîtres d'école normale.

1838..... 3,185
1839..... 3,699
1840..... 4,417
1841..... 5,404
1842..... 6,161
1843..... 6,917

Ainsi l'augmentation a été :

en 1838 de..... 514
en 1839 de..... 718
en 1840 de..... 987
en 1841 de..... 757
en 1842 de..... 756

Peut-être les événements politiques de 1840 n'ont-ils pas été sans quelque influence sur l'augmentation du nombre des instituteurs, anciens élèves-maîtres d'école normale, qui a eu lieu pendant cette année. Il est probable que plusieurs de ces élèves-maîtres, qui n'étaient pas encore instituteurs communaux, craignant d'être appelés sous les drapeaux s'ils restaient plus longtemps sans emploi, auront fait des démarches plus actives pour obtenir la direction d'une école communale.

La comparaison du nombre des instituteurs, anciens élèves-maîtres des écoles normales avec celui des instituteurs en fonctions, ne peut servir à déterminer la proportion dans laquelle ces écoles ont satisfait aux besoins de chaque département, car l'établissement des écoles primaires publiques est loin de s'être développé avec la même rapidité sur tous les points de la France. Dans la plus grande partie des départements de l'est et du nord, le nombre des instituteurs en activité est à peu près égal à celui des écoles que les communes doivent entretenir. Dans le midi il n'existe guère que des 3/4 aux 4/5 des instituteurs nécessaires aux besoins de l'enseignement; mais dans presque tous les départements de l'ouest et du centre, on n'en trouve pas la moitié. On n'est pas encore arrivé au tiers dans les Côtes-du-Nord, le Finistère et le Morbihan.

Pour déterminer la proportion dans laquelle les écoles normales primaires ont satisfait aux besoins de chaque département, il faut comparer le nombre des instituteurs sortis de ces établissements avec celui des instituteurs que les communes doivent entretenir. Le même tableau n° 1 contient les éléments et les résultats de cette comparaison. Sur 39,301 instituteurs que les communes doivent entretenir, afin que toutes les parties de la population participent aux bienfaits de l'enseignement primaire, 6,917 sont sortis de l'école normale; ce qui donne une proportion de 19 sur 100.

Les départements sont classés dans le tableau n° 2, selon le nombre plus ou moins grand des instituteurs primaires communaux, que les communes doivent entretenir, qui ont été élèves-maîtres dans une école normale primaire. On y voit figurer en première ligne les départements de la Meuse, de la Moselle et du Bas-Rhin, dans lesquels des écoles normales avaient été établies antérieurement à la loi du 28 juin 1833. Les besoins des départements qui occupent le dernier rang exigent qu'on augmente le nombre des boursiers départementaux dans leur école normale, et qu'on tienne sévèrement à ce que les élèves qui ont reçu le brevet de capacité remplissent les conditions de leur engagement.

Les départements sont classés dans le tableau n° 3 selon le nombre plus ou moins grand des instituteurs primaires communaux en fonctions au 1er janvier 1843 qui ont été élèves-maîtres dans une école normale primaire.

Les écoles normales primaires n'ont pas servi seulement à former des instituteurs. L'administration voulant introduire, dans un bref délai, toutes les améliorations possibles dans l'enseignement, a pris des mesures pour que les instituteurs en exercice pussent venir perfectionner leur instruction dans ces établissements. Les conseils généraux ont été invités à voter des fonds pour accorder une indemnité de frais de séjour aux instituteurs qui suivraient ces cours, lesquels ont lieu pendant le mois de vacances de l'école normale. Ils ont principalement pour objet

les méthodes d'enseignement et les principes d'éducation.
Il est recommandé aux professeurs de s'attacher surtout à
faire connaître aux instituteurs qui les fréquentent les procédés qu'on doit suivre pour l'enseignement des diverses
branches de l'instruction primaire. C'est ainsi que les écoles normales servent, non-seulement à former de nouveaux
instituteurs, mais encore à perfectionner l'instruction pédagogique des anciens. L'utilité de ces cours, dont les écoles
normales de l'Allemagne nous avaient déjà donné l'exemple, a été hautement appréciée en France. Les conseils généraux de tous les départements qui possèdent des écoles
normales primaires, trois exceptés, ont donné les
moyens de les établir. On voit, d'après les résultats con-
signés dans le tableau nº 4, que le nombre des instituteurs
primaires communaux en fonctions au 1er janvier 1843,
qui n'ont pas été élèves-maîtres dans une école normale
primaire, s'élève à 25,727, et que dans ce nombre 6,527
ont suivi le cours de perfectionnement qui est fait pour
eux à l'école normale, ce qui donne une proportion de 28
sur 100. Ces cours ont été fréquentés par un bien plus
grand nombre d'instituteurs ; mais quelques-uns d'entre
eux ont déjà renoncé à l'instruction primaire ; ils ne sont
pas compris dans le total ci-dessus.

Les départements sont classés dans le tableau nº 5 selon
le nombre plus ou moins grand des instituteurs communaux en exercice au 1er janvier 1843, qui, n'ayant pas été élèves-maîtres dans une école normale primaire, ont suivi le
cours de perfectionnement fait pour eux dans ces écoles.
Les départements de la Côte-d'Or, de l'Hérault et des Vosges qui occupent les deniers rangs dans ce tableau, sont les
seuls dans lesquels, faute d'allocation, les anciens instituteurs n'ont pas pu profiter des grands avantages que
leur offrent ces cours. Les départements de l'Oise et du
Finistère, ainsi que la Drôme, la Seine, la Nièvre, le Pas-
de-Calais, le Morbihan, la Charente-Inférieure, sont réunis
à d'autres pour l'entretien de l'école normale. S'ils n'ont
pas envoyé d'instituteurs aux cours de perfectionnement,
ou si ces cours n'ont été suivis que par un petit nombre de
leurs instituteurs, c'est sans doute à l'éloignement de la

ville siége de l'école normale qu'il faut l'attribuer. Cependant les instituteurs des départements des Côtes-du-Nord, d'Indre-et-Loire et de la Loire-Inférieure qui se trouvent sous ce rapport, dans la même position, n'ont pas reculé devant cette difficulté.

Après avoir présenté les résultats que les écoles normales primaires ont donnés, sous le rapport de l'enseignement, nous devons examiner ceux qu'elles ont produits sous le rapport de la gestion économique.

L'enseignement est donné gratuitement dans les écoles normales primaires. Le produit des bourses et pensions sert uniquement à payer les frais de nourriture, de chauffage, d'éclairage, de blanchissage, d'entretien du linge et des habits, d'infirmerie, les honoraires du médecin, etc.

Dans quelques écoles, ce service est fait par abonnement avec le directeur qui, alors, profite des économies qu'il peut réaliser sur le produit des bourses et pensions. Dans les autres, au contraire, il est mis en régie, et c'est alors l'établissement qui profite de ces économies. M. le ministre a laissé les préfets et les conseils généraux libres de donner la préférence à l'un ou à l'autre de ces modes. Les avantages du système de régie ne pouvaient manquer d'être appréciés. Sur les 77 écoles normales et écoles modèles, 47 ont adopté ce système. Dans les 30 autres, le service des bourses est l'objet d'un abonnement fait avec le directeur.

Les 47 écoles normales dans lesquelles le service a été organisé en régie ont réalisé déjà environ 900,000 francs d'économies. Une partie de ces économies a servi à augmenter le mobilier et le matériel d'enseignement de l'école, l'autre a été employée en acquisition de rentes sur l'État, qui, accumulées d'année en année, pourront, dans un avenir plus ou moins éloigné, donner à ces importants et utiles établissements des moyens d'existence qui leur seront propres. Elles s'élèvent en ce moment pour 35 de ces écoles à 14,174 francs. L'ordonnance royale du 15 décembre 1842, rendue sur le rapport de M. Villemain, ministre de l'instruction publique, a régularisé ce service. Il faut espérer que désormais toutes les économies réalisées sur le produit des bourses et pensions serviront à acheter des rentes aux écoles normales. La loi du 28 juin 1833 a mis en effet à la charge des départements, et, dans le cas d'insuffisance des ressources départementales, à la charge des fonds de l'État, les frais d'établissement et d'entretien de ces écoles. On ferait donc un acte de mauvaise administration si, au lieu de conserver ces économies pour en acheter des rentes, on allait les consacrer à des dépenses que le département ou l'État sont tenus d'acquitter. Aussi doit-on espérer que le montant des rentes appartenant aux écoles normales s'accroissant avec rapidité, les conseils généraux pourront de plus en plus apprécier les bons effets du système de régie qui auront pour résultat de diminuer annuellement les subventions que les fonds départementaux doivent fournir pour l'entretien de ces établissements. Nous avons présenté dans le tableau n° 6 le montant des rentes que possèdent les écoles normales. En tête de ce tableau figure celle du département du Bas-Rhin, dans lequel toutes les questions qui se rattachent à l'organisation et à l'enseignement des écoles normales primaires ont toujours été si bien traitées. L'école de Strasbourg possède déjà 2,578 francs de rentes provenant toutes des économies qu'elle a réalisées depuis 1835 seulement. Les économies faites antérieurement à la promulgation de la loi du 28 juin 1833 et en 1834 ont servi en partie à payer les frais d'acquisition et d'appropriation du bâtiment dans lequel elle est aujourd'hui placée, ainsi que les frais d'achat d'entretien et de renouvellement du mobilier et du matériel d'enseignement

L'augmentation que la fondation des écoles normales primaires a produite dans le nombre des instituteurs a exercé une grande influence sur la fréquentation des écoles primaires. Nous devons en faire remarquer ici l'importance puisqu'elle est en partie le résultat de la création de ces utiles établissements. Le tableau n° 7 présente, pour chaque département, le nombre des enfants qui fréquentaient les écoles primaires en 1831 et en 1842, ainsi que

l'augmentation qui a eu lieu entre ces deux époques. Le nombre de ces enfants était en 1842 de   3,046,863
Il n'était, en 1831, que de   1,935,624

Augmentation   1,111,239

Sur 10,000 habitants, le nombre de ceux qui fréquentaient les écoles primaires était, en 1842, de   890
Il n'était, en 1831, que de   608

L'augmentation revient donc à   282

sur 10,000.

Cet accroissement dans le nombre des enfants qui fréquentent les écoles primaires est sans contredit l'un des faits qui donnent au gouvernement, issu de la révolution de juillet 1830, le plus de droits à la reconnaissance du pays.

Le tableau n° 8 présente les départements classés selon le nombre plus ou moins grand d'enfants des deux sexes qui fréquentaient les écoles primaires pendant l'année 1842. A côté de la situation de cette année, figure celle de 1831. En tête de ce tableau se trouvent les départements de l'est dans lesquels l'élévation des revenus que les communes retirent des bois dont elles sont propriétaires a permis, depuis longues années, de bâtir des écoles et d'entretenir des instituteurs sans imposer des charges extraordinaires aux propriétaires et aux habitants. Dans les derniers rangs se trouvent, au contraire, les départements de l'ouest et du centre. La vaste étendue des communes, la dissémination de la population dans les nombreux hameaux, fermes et métairies dont elles sont composées, leur situation à une plus ou moins grande distance du chef-lieu, dont les séparent quelquefois des obstacles difficiles à franchir, surtout en hiver, s'opposeront toujours à la diffusion de l'instruction primaire dans ces départements sur lesquels doit se porter toute la sollicitude de l'administration. Les départements du nord et du midi occupent les rangs intermédiaires.

Les départements sont classés dans le tableau n° 8, selon

l'augmentation qu'a subie depuis 1831 le nombre des enfants qui fréquentent les écoles primaires.

Le nombre des enfants de chaque sexe, en âge de fréquenter les écoles primaires, peut être en général évalué au dixième de la population. Sur 10,000 habitants ce nombre s'élève à 1,000 garçons et 1,000 filles. En retranchant de 2,000 le nombre des enfants qui, d'après les indications des tableaux nos 7 et 8, sur une population de 10,000 habitants, fréquentaient les écoles primaires en 1842, on aura le nombre de ceux qui, dans chaque département, ne suivaient pas les cours de ces écoles. Ainsi, dans la Haute-Marne, 1,786 enfants sur 10,000 habitants fréquentaient les écoles primaires en 1842. Le nombre des enfants qui, sur 10,000 habitants, ne suivaient pas les cours de ces écoles n'était que de 214. Dans le Finistère, 338 enfants sur 10,000 habitants fréquentaient les écoles primaires ; le nombre des enfants qui, sur 10,000 habitants, ne suivaient pas les cours de ces écoles s'élevait donc jusqu'à 1,662. C'est entre ces deux limites extrêmes que se trouvent placés tous les départements.

Au surplus, il ne faut pas se tromper, comme on ne l'a fait que trop souvent, sur la signification des documents que contiennent les tableaux nos 7 et 8. Ils présentent purement le nombre des enfants qui fréquentent les écoles ; mais ils ne font pas connaître la situation de chaque département sous le rapport de la diffusion plus ou moins grande de l'instruction primaire. C'est parce qu'il existe une différence considérable à ce sujet que l'on voit le département de la Seine n'occuper que le 68e rang sur le tableau n° 8, tandis qu'il est incontestablement l'un de ceux dans lesquels il se trouve le moins de personnes illettrées, ainsi que le prouvent les relevés faits à l'époque du tirage au sort. Cette différence vient de ce que, dans les villes, les enfants passent relativement moins d'années à l'école que dans les campagnes, parce qu'à la ville il n'y a que peu ou point de vacances, que l'instruction primaire des enfants est complétée en trois ou quatre ans, et que les parents ont hâte de les faire sortir de l'école primaire, soit pour leur faire apprendre un métier,

soit pour les envoyer dans les établissements d'instruction
secondaire ; tandis que, dans les campagnes, les enfants ne
restant à l'école que pendant les quatre ou cinq mois de la
mauvaise saison ont bien souvent oublié, lorsqu'ils y rentrent
à la fin de l'automne, ce qu'ils savaient lorsqu'ils en sont sortis au commencement du printemps, et qu'ils y passent dès
lors un nombre d'années relativement plus considérable que
dans les villes. Cette circonstance fait descendre au-des-
sous du rang qui devrait leur appartenir, sous le rapport de
la diffusion de l'instruction, les départements dont une
grande partie de la population est agglomérée dans des
villes, tandis qu'elle élève, au contraire, au-dessus du rang
qu'ils devraient occuper, les départements dont toute la population est disséminée dans des villages et dans des bourgs
peu considérables. On a cru remarquer aussi que les enfants du midi passent à l'école moins d'années que ceux
des autres parties de la France, parce que leur intelligence
étant plus vive et plus prompte, leur instruction est complétée dans un plus bref délai. Aussi la population des écoles doit-elle y être relativement moins grande, bien que
la diffusion de l'instruction soit plus considérable que
dans des départements dont les écoles contiennent un plus
grand nombre d'enfants.

Au reste, si la population des écoles a augmenté depuis
1831, la diffusion de l'instruction s'est accrue aussi dans
une proportion considérable. Nous en trouvons la preuve
dans les documents que publie, tous les ans, M. le ministre de la guerre et qui font connaître le degré d'instruction des jeunes gens appelés au tirage au sort. Sur 100 de
ces jeunes gens dont l'instruction a été constatée, le nombre de ceux qui savaient au moins lire et écrire était :

en	1828	de.....	42
en	1929	de.....	45
en	1830	de.....	46
en	1831	de.....	49
en	1832	de.....	49
en	1833	de.....	54
en	1834	de.....	52

(302)

en	1835	de.....	52
en	1836	de.....	53
en	1837	de.....	54
en	1838	de.....	55
en	1839	de.....	56
en	1840	de.....	57

L'augmentation dans le nombre des garçons de l'âge de 20 ans qui ont reçu l'instruction primaire a donc été, dans cet intervalle, de 1828 à 1840 de 35 sur 100. L'augmentation de la population des écoles, dans l'intervalle de 1831 à 1842, a été de 46 sur 100. Tout, démontre de la manière la plus évidente que la loi du 28 juin 1833 marche rapidement vers le but que s'est proposé le législateur, la participation de toutes les classes de la population au bienfait de l'instruction primaire.

Mais pour que la diffusion de l'instruction primaire soit réellement un bienfait pour le pays, il faut qu'elle contribue à moraliser les populations. Or, ce résultat a été contesté. On a prétendu que le nombre des délits et des crimes s'accroissait en même temps que la diffusion de l'instruction, et les amis de l'instruction primaire ont, en général, laissé passer les accusations dont elle est l'objet sans les combattre, comme s'ils reconnaissaient qu'elles sont fondées. Nous ne pouvons, dans ces simples notes, traiter d'une manière complète cette question ; nous nous réservons de l'examiner en détail dans un ouvrage que nous publierons incessamment, et dans lequel nous analyserons département par département les résultats qu'a produits la loi du 28 juin 1833, et nous indiquerons les moyens de faire pénétrer l'instruction primaire sur tous les points du territoire et de la faire servir à améliorer moralement et matériellement la position des habitants ; mais, puisque l'occasion s'en présente, nous devons dire ici quelques mots pour venger l'instruction primaire des injustes attaques dont elle est sous ce rapport l'objet.

D'après les tableaux statistiques publiés annuellement par M. le ministre de la justice, sur 10,000 accusés dont le degré d'instruction a été constaté, on en trouve 4,359 seule-

ment qui savent au moins lire, et 5,641 qui sont complétement illettrés. Or, sur 10,000 habitants, on en trouve
5,040 sachant lire, et 4,960 complétement illettrés. Il y
a donc ici une différence de 681 revenant à 16 pour 100
à l'avantage de la portion de la population qui a reçu
quelque instruction. En effet, le nombre de ceux qui ont
fréquenté les écoles s'élève sur une moyenne de 10,000
habitants à 5,040, tandis qu'il n'est sur une moyenne de
10,000 accusés que de 4,359. Ce premier fait prouve que
l'instruction moralise les populations, puisqu'il y a relativement plus d'accusés parmi les illettrés que parmi ceux
qui ont reçu quelque instruction.

Mais, disent les adversaires de la diffusion de l'instruction, le nombre des accusés sachant lire a beaucoup augmenté depuis quelques années, et c'est à l'accroissement
du nombre des écoles, à l'empressement avec lequel elles
sont fréquentées qu'il faut attribuer ce résultat. L'instruction répandue dans les masses de la population pré-
dispose donc au crime et l'ignorance lui serait préférable. Cette accusation, qui, au premier abord, présente
quelque apparence de vérité, parce qu'elle ne met en évi-
dence qu'un des côtés de la question, ne saurait soutenir
le plus léger examen. Oui, sans doute, le nombre des accusés lettrés augmente, et il ne saurait en être autrement
puisqu'il y a augmentation dans le nombre des personnes
qui savent lire. Il peut même arriver un moment où tous
les accusés seront lettrés, c'est lorsque tous les habitants
sans exception aucune, auront, dans leur enfance, fréquenté les écoles primaires. Pour démontrer que cette accusation est fondée, on ne doit donc pas se borner à dire
que le nombre des accusés lettrés a augmenté, il faut
aussi prouver que ce nombre a augmenté dans une proportion plus considérable que celui des habitants qui savent
lire. Or, le nombre des accusés sachant au moins lire
était de 3,981 sur 10,000 en 1828. Il était de 4,375 sur
10,000 en 1842. L'augmentation revient à 9 pour 100.
Nous avons vu que l'augmentation dans le nombre des
jeunes gens lettrés appelés au tirage au sort avait été dans

la même période de temps de 35 pour 100; donc le nombre des accusés lettrés a augmenté dans une proportion quatre fois moins forte que celle des jeunes gens lettrés.

On nous objectera, sans doute, que nous comparons la masse des accusés de tout âge avec les jeunes gens âgés de 20 ans, et que les deux termes de cette comparaison ne sont pas identiques. Nous ne reculons pas devant cette objection dont la solution donne un résultat encore plus favorable en faveur de la diffusion de l'instruction.

Le nombre des accusés âgés de 21 à 40 ans, sachant au moins lire, était en 1828 de 4,106 sur 10,000 habitants; il était en 1840 de 4,453. L'augmentation revient à près de 8 pour 100. Elle était dans la même période de 1828 à 1840 de 35 pour 100 sur les jeunes gens lettrés appelés au tirage au sort. La diffusion de l'instruction a donc exercé une immense influence sur la moralisation de cette classe de la population. Si cette influence avait été nulle, le nombre des accusés lettrés aurait dû s'élever de 35 pour 100 comme celui des jeunes gens lettrés, et atteindre au chiffre de 5,543 sur 10,000. Il ne s'est élevé qu'à 4,453. Il y a donc à l'avantage de la situation actuelle une différence de 1,090 dont tout le mérite appartient à la diffusion de l'instruction. Nous allons, au surplus, mettre en regard pour chaque année le nombre des jeunes gens de l'âge de 20 ans sachant lire avec celui des accusés, possédant le même degré d'instruction, sur une moyenne de 10,000.

	jeunes gens de 20 ans, sachant lire.	accusés de 21 à 40 ans, sachant lire.
1828	4,200	4,106
1829	4,500	3,975
1830	4,600	3,843
1831	4,900	3,986
1832	4,900	4,046
1833	5,400	4,155
1834	5,200	4,199
1835	5,200	4,338
1836	5,300	4,115
1837	5,400	4,372
1838	5,500	4,543

1839...... 5,600...... 4,454
1840...... 5,700...... 4,453

Il suffit de comparer, année par année, les nombres que nous venons de mettre en regard, pour s'assurer que l'augmentation dans le nombre des accusés sachant lire a marché d'un pas beaucoup moins rapide que la diffusion de l'instruction. Une grande partie au moins de cet important résultat doit être attribuée à l'amélioration morale qu'a produite cette instruction.

On peut objecter encore que les départements dans lesquels l'instruction est le plus répandue sont aussi ceux dans lesquels il existe le plus d'accusés, tandis que les départements dans lesquels cette instruction a fait le moins de progrès sont ceux qui en présentent le moins. Ceci est vrai pour une douzaine de départements qui se trouvent dans une position entièrement exceptionnelle, et ne saurait s'appliquer à tous les autres. L'une des principales causes de cette situation est l'agglomération de la population, qui, dans les premiers, facilite la diffusion de l'instruction, en même temps que cette agglomération, jointe à l'emploi d'une grande partie de la population dans des établissements industriels, tend à augmenter le nombre des crimes. La dissémination de la population dans les autres départements met obstacle, au contraire, à la diffusion de l'instruction, pendant que cette dissémination jointe à l'emploi de la presque totalité de la population à des travaux agricoles, est l'une des principales causes du petit nombre des accusés dans ces départements. Ainsi il y a coïncidence dans les causes, l'agglomération ou la dissimination de la population et la nature des travaux, sans que les effets, c'est-à-dire la diffusion de l'instruction et le nombre des accusés, exercent aucune influence l'un sur l'autre.

Nous ne pourrions, sans nous écarter complétement de notre but, traiter avec plus de détails cette question dans cette simple note destinée à présenter uniquement les résultats qu'ont produits jusqu'au 1er janvier 1843 les écoles normales primaires. D'ailleurs, ainsi que nous l'avons dit, nous nous réservons de la traiter d'une manière spéciale dans un autre écrit. Bornons-nous ici à résumer ces résultats.

Dans une période de 10 ans les écoles normales ont fourni à l'instruction primaire, environ 8,000 instituteurs, dont 6,917 étaient en activité au 1er janvier 1843.

Elles ont perfectionné l'instruction pédagogique d'environ 8,000 anciens instituteurs, dont 6,527 étaient en fonction au 1er janvier 1843.

Elles ont réalisé sur le service des bourses et pensions, pour environ 900,000 francs d'économies avec lesquelles elles ont complété leur mobilier et leur matériel d'enseignement, et acheté pour 14,174 francs de rentes sur l'État qui viennent en déduction des sommes que les départements et l'État doivent fournir annuellement pour leur entretien.

Elles ont contribué à augmenter de 1,111,239 élèves la population des écoles dans la période de 1831 à 1842, ce qui revient à 46 pour 100.

Elles ont contribué à augmenter de 35 pour 100 le nombre des jeunes gens âgés de 20 ans qui savent au moins lire.

Enfin elles ont contribué à améliorer les dispositions morales des populations en ne laissant augmenter que de 8 pour 100 le nombre des accusés lettrés de l'âge de 21 à 40 ans, tandis que le nombre des habitants lettrés de l'âge de 20 ans augmentait dans la proportion de 35 pour 100.

En persévérant dans la voie où l'administration a placé et maintient les écoles normales primaires, elles ne peuvent manquer de donner, dans un petit nombre d'années, des résultats encore plus satisfaisants.

N° 1.

TABLEAU présentant pour chaque département : 1° le nombre des instituteurs primaires communaux que les communes doivent entretenir ; 2° le nombre de ceux qui étaient en fonctions au 1ᵉʳ janvier 1843; 3° le nombre de ceux qui ont été élèves-maîtres dans une école normale primaire.

DÉPARTEMENTS.	NOMBRE des instituteurs primaires communaux			NOMBRE des instituteurs anciens élèves-maîtres d'école normale sur une moyenne de 100 instituteurs	
	que les communes doivent entretenir.	en fonctions au 1ᵉʳ janvier 1843.	qui ont été élèves-maîtres dans une école normale primaire.	que les communes doivent entretenir.	en fonctions au 1ᵉʳ janvier 1843.
Ain	441	337	98	22	29
Aisne	868	828	109	13	13
Allier	312	125	59	19	47
Alpes (Basses)	525	276	58	18	21
Alpes (Hautes)	228	204	45	20	22
Ardèche	565	263	48	13	18
Ardennes	520	517	117	21	23
Ariége	266	209	55	20	25
Aube	475	405	95	20	23
Aude	457	358	59	14	17
Aveyron	516	425	47	9	11
Bouches-du-Rhône	129	107	11	9	10
Calvados	567	403	83	15	21
Cantal	258	155	54	15	26
Charente	450	510	150	30	42
Charente-Inférieure	461	369	36	8	10
Cher	274	145	60	22	42
Corrèze	309	161	82	27	51
Corse	378	512	47	12	15
Côte-d'Or	695	639	140	20	22
Côtes-du-Nord	608	195	58	10	30
Creuse	279	208	106	38	50
Dordogne	540	550	52	10	15
Doubs	562	562	63	11	11
Drôme	387	504	28	7	9
Eure	573	452	65	11	14
Eure-et-Loir	592	349	79	20	23
Finistère	577	152	71	12	47
Gard	577	550	95	25	27
Garonne (Haute-)	582	455	46	8	11
Gers	455	581	61	15	16
Gironde	544	561	95	17	26
Hérault	568	525	55	14	16
Ille-et-Vilaine	550	225	85	15	38
Indre	254	117	51	20	44
Indre-et-Loire	307	182	28	9	15
Isère	589	475	128	22	27
Jura	542	495	92	17	18
Landes	326	282	83	25	29
Loir-et-Cher	270	257	49	18	21
Loire	575	204	31	8	15
À reporter	17,705	13,159	2,826		

DÉPARTEMENTS.	NOMBRE des instituteurs primaires communaux			NOMBRE des instituteurs anciens élèves-maitres d'école normale sur une moyenne de 100 instituteurs	
	que les communes doivent entretenir.	en fonctions au 1er janvier 1843.	qui ont été élèves-maitres dans une école normale primaire.	que les communes doivent entretenir.	eu fonctions au 1er janvier 1843.
Report.......	17,705	13,159	2,826		
Loire (Haute-)......	299	120	47	16	59
Loire-Inférieure.....	400	179	45	11	24
Loiret.............	520	266	71	22	27
Lot.............	516	225	79	25	55
Lot-et-Garonne......	548	241	51	13	21
Lozère.............	228	178	50	22	28
Maine-et-Loire......	489	277	59	12	21
Manche.............	657	460	115	18	25
Marne.............	662	651	142	21	22
Marne (Haute-).....	535	516	104	19	20
Mayenne..........	562	180	67	19	57
Meurthe..........	717	708	163	23	25
Meuse.............	582	574	278	48	48
Morbihan..........	447	122	62	14	51
Moselle.............	652	620	230	33	57
Nièvre.............	506	210	43	14	20
Nord.............	704	679	49	7	7
Oise.............	716	698	45	6	6
Orne.............	460	516	115	23	36
Pas-de-Calais......	923	825	51	6	6
Puy-de-Dôme......	588	230	56	10	24
Pyrénées (Basses)...	607	576	166	27	29
Pyrénées (Hautes-)...	444	397	84	19	26
Pyrénées-Orientales..	228	150	50	13	20
Rhin (Bas-).........	762	707	262	34	57
Rhin (Haut-).......	500	560	156	24	24
Rhône.............	527	224	61	19	27
Saône (Haute-).....	568	499	84	15	17
Saône-et-Loire.....	581	443	124	21	28
Sarthe.............	471	520	60	15	19
Seine.............	145	145	5	5	5
Seine-Inférieure.....	719	663	172	24	26
Seine-et-Marne......	500	494	115	25	25
Seine-et-Oise.......	676	607	155	25	25
Sèvres (Deux-).....	359	285	57	11	15
Somme.............	869	849	155	18	18
Tarn.............	352	265	92	26	55
Tarn-et-Garonne.....	240	184	45	19	24
Var.............	329	181	24	7	13
Vaucluse..........	190	124	36	19	28
Vendée.............	557	255	52	9	14
Vienne.............	295	197	75	25	58
Vienne (Haute-).....	293	145	60	20	41
Vosges.............	522	522	92	18	18
Yonne.............	551	460	73	14	16
TOTAUX........	39,301	30,644	6,917	18	25

N° 2.

TABLEAU des départements classés selon le nombre plus ou moins grand des instituteurs primaires communaux que les communes doivent entretenir, qui ont été élèves-maîtres dans une école normale primaire.

CLASSEMENT.	DÉPARTEMENTS.	NOMBRE des instituteurs qui ont été élèves-maîtres dans une école normale sur une moyenne de 100 instituteurs que les communes doivent entretenir.	CLASSEMENT.	DÉPARTEMENTS.	NOMBRE des instituteurs qui ont été élèves-maîtres dans une école normale sur une moyenne de 100 instituteurs que les communes doivent entretenir.
1	Meuse	48	44	Somme	18
2	Creuse	38	45	Vosges	18
3	Moselle	35	46	Gironde	17
4	Rhin (Bas-)	34	47	Jura	17
5	Charente	30	48	Loire (Haute-)	16
6	Corrèze	27	49	Calvados	15
7	Pyrénées (Basses-)	27	50	Ille-et-Vilaine	15
8	Tarn	26	51	Lot-et-Garonne	15
9	Gard	25	52	Saône (Haute-)	15
10	Landes	25	53	Aude	14
11	Lot	25	54	Hérault	14
12	Orne	25	55	Morbihan	14
13	Vienne	25	56	Nièvre	14
14	Rhin (Haut-)	24	57	Yonne	14
15	Seine-Inférieure	24	58	Aisne	13
16	Meurthe	23	59	Ardèche	13
17	Seine-et-Marne	23	60	Cantal	13
18	Seine-et-Oise	23	61	Gers	13
19	Ain	22	62	Pyrénées-Orientales	13
20	Cher	22	63	Sarthe	13
21	Isère	22	64	Corse	12
22	Loiret	22	65	Finistère	12
23	Lozère	22	66	Maine-et-Loire	12
24	Ardennes	21	67	Doubs	11
25	Maine	21	68	Eure	11
26	Saône-et-Loire	21	69	Loire-Inférieure	11
27	Alpes (Hautes-)	20	70	Sèvres (Deux-)	11
28	Ariége	20	71	Côtes-du-Nord	10
29	Aube	20	72	Dordogne	10
30	Côte-d'Or	20	73	Puy-de-Dôme	10
31	Eure-et-Loir	20	74	Aveyron	9
32	Indre	20	75	Bouches-du-Rhône	9
33	Vienne (Haute-)	20	76	Vendée	9
34	Allier	19	77	Indre-et-Loire	9
35	Marne (Haute-)	19	78	Charente-Inférieure	8
36	Mayenne	19	79	Garonne (Haute-)	8
37	Pyrénées (Hautes-)	19	80	Loire	8
38	Rhône	19	81	Drôme	7
39	Tarn-et-Garonne	19	82	Nord	7
40	Vaucluse	19	83	Var	7
41	Alpes (Basses-)	18	84	Oise	6
42	Loir-et-Cher	18	85	Pas-de-Calais	6
43	Manche	18	86	Seine	3

N° 3.

TABLEAU des départements classés selon le nombre plus ou moins grand des instituteurs primaires communaux en fonctions au 1er janvier 1845, qui ont été élèves-maîtres dans une école normale primaire.

CLASSEMENT.	DÉPARTEMENTS.	NOMBRE des instituteurs qui ont été élèves-maîtres dans une école normale sur une moyenne de 100 instituteurs en fonctions.	CLASSEMENT.	DÉPARTEMENTS.	NOMBRE des instituteurs qui ont été élèves-maîtres dans une école normale sur une moyenne de 100 instituteurs en fonctions.
1	Corrèze	51	44	Eure-et-Loire	25
2	Morbihan	51	45	Meurthe	25
3	Creuse	50	46	Seine-et-Marne	25
4	Meuse	48	47	Alpes (Hautes-)	22
5	Finistère	47	48	Côte-d'Or	22
6	Allier	47	49	Marne	22
7	Indre	44	50	Alpes (Basses-)	21
8.	Charente	42	51	Calvados	21
9	Cher	42	52	Loire-et-Cher	21
10	Vienne (Haute-)	41	53	Lot-et-Garonne	21
11	Loire (Haute-)	39	54	Maine-et-Loire	21
12	Ille-et-Vilaine	38	55	Marne (Haute-)	20
13	Vienne	38	56	Nièvre	20
14	Mayenne	37	57	Pyrénées-Orientales	20
15	Moselle	37	58	Sarthe	19
16	Rhin (Bas-)	37	59	Ardèche	18
17	Orne	36	60	Jura	18
18	Lot	35	61	Somme	18
19	Tarn	35	62	Vosges	18
20	Côtes-du-Nord	30	63	Aude	17
21	Ain	29	64	Saône (Haute-)	17
22	Landes	29	65	Gers	16
23	Pyrénées (Basses-)	29	66	Hérault	16
24	Lozère	28	67	Yonne	16
25	Saône-et-Loire	28	68	Corse	15
26	Vaucluse	28	69	Dordogne	15
27	Gard	27	70	Loire	15
28	Isère	27	71	Indre-et-Loire	15
29	Loiret	27	72	Eure	14
30	Rhône	27	73	Vendée	14
31	Cantal	26	74	Aisne	13
32	Gironde	26	75	Sèvres (Deux-)	13
33	Pyrénées (Hautes-)	26	76	Var	13
34	Seine Inférieure	26	77	Aveyron	11
35	Ariége	25	78	Doubs	11
36	Manche	25	79	Garonne (Haute-)	11
37	Seine-et-Oise	25	80	Bouches-du-Rhône	10
38	Loire-Inférieure	24	81	Charente Inférieure	10
39	Puy-de-Dôme	24	82	Drôme	9
40	Rhin (Haut-)	24	83	Nord	7
41	Tarn-et-Garonne	24	84	Oise	6
42	Ardennes	23	85	Pas de Calais	6
43	Aube	23	86	Seine	5

(311)

N° 4.

TABLEAU, par département, du nombre des instituteurs primaires communaux en exercice au 1er janvier 1843, qui n'ont pas été élèves-maîtres dans une école normale, et de ceux de ces instituteurs qui ont suivi le cours de perfectionnement fait pour eux dans ces écoles.

DÉPARTEMENTS.	NOMBRE des instituteurs primaires communaux en exercice au 1er janvier 1843, qui n'ont pas été élèves-maîtr. dans une école normale.	NOMBRE de ces instituteurs qui ont suivi le cours de perfectionnement fait pour eux dans ces écoles.	NOMBRE de ces instituteurs sur une moyenne de 100.	CLASSEMENT.
Ain	239	140	59	7
Aisne	719	163	23	51
Allier	66	21	32	58
Alpes (Basses-)	218	43	20	54
Alpes (Hautes-)	159	47	29	43
Ardèche	213	48	22	53
Ardennes	400	124	31	40
Ariége	156	70	45	25
Aube	312	144	46	22
Aude	279	177	63	4
Aveyron	376	149	40	28
Bouches-du-Rhône	96	48	50	13
Calvados	320	177	55	8
Cantal	99	24	24	50
Charente	180	66	37	30
Charente-Inférieure	333	24	7	73
Cher	85	9	11	71
Corrèze	79	66	84	1
Corse	263	92	35	33
Côte-d'Or	499	»	»	86
Côtes-du-Nord	135	16	12	69
Creuse	102	43	42	27
Dordogne	298	41	14	65
Doubs	499	97	19	57
Drôme	276	5	2	81
Eure	387	180	47	17
Eure-et-Loir	270	189	70	3
Finistère	81	»	»	83
Gard	257	120	47	18
Garonne (Haute-)	589	152	34	56
Gers	320	73	23	52
Gironde	266	92	35	34
Hérault	272	»	»	85
Ille-et-Vilaine	158	43	31	41
Indre	66	11	17	60
Indre-et-Loire	154	49	32	59
Isère	347	171	49	15
Jura	403	124	31	42
Landes	199	125	63	5
Loir-et-Cher	188	95	51	44
Loire	173	53	31	43
À reporter	10,315	3,291		

DÉPARTEMENTS.	NOMBRE des instituteurs primaires communaux en exercice au 1er janvier 1843, qui n'ont pas été élèves-maîtr. dans une école normale.	NOMBRE de ces instituteurs qui ont suivi le cours de perfectionnement fait pour eux dans ces écoles.	NOMBRE de ces instituteurs sur une moyenne de 100.	CLASSEMENT.
Report.............	10,313	5,291		
Loire (Haute-).................	73	55	45	26
Loire-Inférieure	136	47	55	55
Loiret..................	195	89	46	25
Lot.......................	145	69	47	19
Lot-et-Garonne	190	49	26	48
Lozère	128	64	50	14
Maine-et-Loire	218	33	15	64
Manche...................	345	191	55	9
Marne...................	509	181	36	51
Marne (Haute-).............	412	48	12	70
Mayenne.................	113	81	72	2
Meurthe..................	545	23	5	78
Meuse...................	296	44	15	63
Morbihan.................	60	4	7	74
Moselle..................	590	65	17	61
Nièvre...................	167	8	5	79
Nord....................	630	80	13	66
Oise....................	655	»	»	82
Orne....................	205	63	31	44
Pas-de-Calais	774	58	7	75
Puy-de-Dôme...............	174	31	18	59
Pyrénées (Basses-)	410	160	39	29
Pyrénées (Hautes-)	513	78	25	49
Pyrénées-Orientales	120	8	7	76
Rhin (Bas-).................	443	42	[9	72
Rhin (Haut-)................	424	74	17	62
Rhône....................	163	86	47	20
Saône (Haute-)...............	415	192	46	24
Saône-et-Loire...............	319	45	15	67
Sarthe....................	260	93	36	52
Seine....................	140	7	5	80
Seine-Inférieure	491	242	49	16
Seine-et-Marne...............	379	49	13	68
Seine-et-Oise...............	434	126	28	47
Sèvres (Deux-)...............	248	150	60	6
Somme...................	694	142	20	55
Tarn.....................	175	51	29	46
Tarn-et-Garonne.............	159	63	47	21
Var.....................	157	11	7	77
Vaucluse.................	88	18	20	56
Vendée	201	58	19	58
Vienne...................	122	62	51	12
Vienne (Haute)	85	29	54	57
Vosges...................	430	»	»	84
Yonne...................	387	207	55	10
TOTAUX.............	23,727	6,827	28	

Nº 5.

TABLEAU des départements classés selon le nombre plus ou moins grand des instituteurs communaux en exercice au 1ᵉʳ janvier 1843, qui, n'ayant pas été élèves-maîtres dans une école normale, ont suivi le cours de perfectionnement fait pour eux dans ces écoles.

CLASSEMENT.	DÉPARTEMENTS.	NOMBRE de ces instituteurs qui ont suivi le cours de perfectionnement sur une moyenne de 100.	CLASSEMENT.	DÉPARTEMENTS.	NOMBRE de ces instituteurs qui ont suivi le cours de perfectionnement sur une moyenne de 100.
1	Corrèze	84	44	Orne	31
2	Mayenne	72	45	Alpes (Hautes-)	29
3	Eure-et-Loir	70	46	Tarn	29
4	Aude	63	47	Seine-et-Oise	28
5	Landes	63	48	Lot-et-Garonne	26
6	Sèvres (Deux-)	60	49	Pyrénées (Hautes-)	25
7	Ain	59	50	Cantal	24
8	Calvados	55	51	Aisne	23
9	Manche	55	52	Gers	23
10	Yonne	53	53	Ardèche	22
11	Loir-et-Cher	51	54	Alpes (Basses-)	20
12	Vienne	51	55	Somme	20
13	Bouches-du-Rhône	50	56	Vaucluse	20
14	Lozère	50	57	Doubs	19
15	Isère	49	58	Vendée	19
16	Seine-Inférieure	49	59	Puy-de-Dôme	18
17	Eure	47	60	Indre	17
18	Gard	47	61	Moselle	17
19	Lot	47	62	Rhin (Haut-)	17
20	Rhône	47	63	Meuse	15
21	Tarn-et-Garonne	47	64	Maine-et-Loire	15
22	Aube	46	65	Dordogne	14
23	Loiret	46	66	Nord	13
24	Saône (Haute-)	46	67	Saône-et-Loire	13
25	Ariége	45	68	Seine-et-Marne	13
26	Loire (Haute-)	45	69	Côtes-du-Nord	12
27	Creuse	42	70	Marne (Haute-)	12
28	Aveyron	40	71	Cher	11
29	Pyrénées (Basses-)	39	72	Rhin (Bas-)	9
30	Charente	37	73	Charente-Inférieure	7
31	Marne	36	74	Morbihan	7
32	Sarthe	36	75	Pas-de-Calais	7
33	Corse	35	76	Pyrénées Orientales	7
34	Gironde	35	77	Var	7
35	Loire-Inférieure	35	78	Meurthe	5
36	Garonne (Haute-)	34	79	Nièvre	5
37	Vienne (Haute-)	34	80	Seine	5
38	Aude	32	81	Drôme	2
39	Indre-et-Loire	32	82	Oise	»
40	Ardennes	31	83	Finistère	»
41	Ille-et-Vilaine	31	84	Vosges	»
42	Jura	31	85	Hérault	»
43	Loire	31	86	Côte-d'Or	»

N° 6.

ÉTAT des rentes inscrites au grand-livre de la dette publique, que les écoles normales primaires dans lesquelles le service des bourses et pensions est en régie, ont été autorisées à acheter avec le boni réalisé sur ce service.

VILLES dans lesquelles sont placées ces écoles.	MONTANT DES RENTES qu'elles possèdent.		OBSERVATIONS.
	fr.	c.	
Strasbourg	2,578	»	
Douai	2,000	»	
Rouen	900	»	
Privas	839	»	
Carcassonne	800	»	
Bordeaux	700	»	
Laon	460	»	
Amiens	450	»	
Besançon	400	»	
Colmar	400	»	
Laval	350	»	
Mans (le)	350	»	
Poitiers	300	»	
Limoges	272	»	
Salins	270	»	
Troyes	257	»	
Agen	250	»	
Angoulême	250	»	
Parthenay	250	»	
Angers	200	»	
Cahors	200	»	
Dijon	200	»	
Rennes	200	»	
Ajaccio	150	»	
Caen	150	»	
Vesoul	141	»	
Périgueux	123	«	
Nîmes	122	»	
Aix	110	»	
Bourg	100	»	
Évreux	100	»	
Grenoble	100	»	
Nancy	100	»	
Bourbon-Vendée	50	»	
Metz	50	»	
	14,174	»	

Nº 7.

TABLEAU comparatif, par département, des enfants des deux sexes qui fréquentaient les écoles primaires en 1831 et en 1842.

DÉPARTEMENTS.	NOMBRE DES ENFANTS qui fréquentaient les écoles primaires en 1831.	en 1842.	AUGMENTATION.	NOMBRE D'ENFANTS qui, sur une population de 10,000 habitants, fréquentaient les écoles primaires. en 1831.	en 1842.	AUGMENTATION.
Ain	18,511	59,258	20,747	542	1,104	562
Aisne	52,262	61,582	9,320	1,068	1,136	68
Allier	3,165	11,136	7,971	111	358	247
Alpes (Basses-)	8,115	16,251	8,136	530	1,041	511
Alpes (Hautes-)	12,510	21,415	8,905	998	1,615	617
Ardèche	15,041	28,941	13,900	597	794	597
Ardennes	39,165	46,350	7,185	1,391	1,452	61
Ariége	6,656	12,551	5,715	268	465	197
Aube	30,242	35,749	5,507	1,251	1,585	134
Aude	10,253	19,503	9,270	385	686	301
Aveyron	7,765	42,644	34,879	222	1,137	915
Bouches-du-Rhône	18.227	24,273	6,046	559	647	88
Calvados	30,343	40,015	9,672	606	806	200
Cantal	3,615	24,027	20,412	158	953	795
Charente	15,045	20,526	5,481	425	558	155
Charente Inférieure	18,069	25,325	7,254	426	550	124
Cher	5,775	11,752	5,977	252	429	197
Corrèze	5,068	14,847	11,779	108	484	576
Corse	10,361	12,801	2,440	560	578	18
Côte-d'Or	41,239	55,876	14,657	1,123	1,421	298
Côtes-du-Nord	11,399	26,056	14,657	196	429	255
Creuse	4,872	13,181	8,309	193	474	281
Dordogne	6,822	24,078	17,256	147	491	344
Doub	34,937	47,519	12,582	1,374	1,714	340
Drôme	10,055	32,224	22,169	352	1,034	682
Eure	29,185	36,280	7,097	692	852	160
Eure-et-Loir	25,179	52,168	6,989	906	1,123	217
Finistère	5,925	19,464	13,539	118	358	220
Gard	23,011	34,041	11,030	602	905	243
Garonne (Haute-)	18,047	37,570	19,525	443	798	355
Gers	10,072	16,577	6,505	527	555	206
Gironde	15,176	42,658	27,482	282	751	469
Hérault	17,460	37,148	19,688	514	1,011	497
Ille-et-Vilaine	11,607	31,178	19,571	210	567	357
Indre	5,250	9,365	4,115	221	370	149
Indre-et-Loire	7,555	14,518	6,763	260	467	207
Isère	22,993	72,239	49,246	439	1,227	788
Jura	34,521	48,391	13,870	1,113	1,525	412
Landes	7,995	14,146	6,151	301	491	190
Loir-et-Cher	8,713	18,560	9,847	578	744	366
Loire	24,024	40,708	16,684	651	938	287
A reporter	682,181	1,212,089	529,908			

DÉPARTEMENTS.	NOMBRE DES ENFANTS qui fréquentaient les écoles primaires		AUGMENTATION.	NOMBRE D'ENFANTS qui, sur une population de 10,000 habitants, fréquentaient les écoles primaires		AUGMENTATION.
	en 1831.	en 1842.		en 1831.	en 1842.	
Report	682,181	1,212,089	529,908			
Loire (Haute-)	2,407	34,268	31,861	84	1,149	1065
Loire-Inférieure	5,614	25,798	20,184	123	550	407
Loiret	13,684	27,462	13,778	450	862	412
Lot	7,256	15,554	8,298	259	541	282
Lot-et-Garonne	9,852	21,303	11,471	292	614	322
Lozère	8,573	19,037	10,464	618	1,352	734
Maine-et-Loire	14,614	34,841	20,227	319	713	394
Manche	44,317	63,788	19,471	723	1,068	345
Marne	40,533	51,446	10,913	1,247	1,443	196
Marne (Haute-)	38,418	46,013	7,595	1,569	1,786	217
Mayenne	13,078	25,773	12,695	369	713	344
Meurthe	58,108	74,440	16,332	1,442	1,674	252
Meuse	46,853	55,037	8,184	1,529	1,668	159
Morbihan	3,903	16,872	12,969	91	371	280
Moselle	51,244	60,594	9,350	1,252	1,458	186
Nièvre	7,477	18,670	11,193	275	611	336
Nord	86,391	98,286	11,895	897	906	9
Oise	45,420	51,787	6,367	1,179	1,298	119
Orne	23,055	34,209	11,154	531	774	243
Pas-de-Calais	80,607	79,366	—1,241	1,254	1,159	—95
Puy-de-Dôme	9,795	29,103	19,308	173	495	322
Pyrénées (Basses-) ..	29,976	42,171	12,195	727	934	207
Pyrénées (Hautes-) ..	15,597	25,362	9,765	702	1,059	357
Pyrénées-Orientales .	4,009	9,575	5,566	265	540	275
Rhin (Bas-)	77,226	88,140	10,914	1,442	1,574	132
Rhin (Haut-)	48,140	72,311	24,171	1,178	1,557	379
Rhône	25,325	39,891	14,566	608	796	188
Saône (Haute-)	45,093	59,446	14,353	1,376	1,710	334
Saône-et-Loire	23,365	44,754	21,389	453	811	358
Sarthe	16,600	29,487	12,887	372	627	255
Seine	37,651	65,653	28,002	372	549	177
Seine-Inférieure	47,819	69,710	21,891	693	943	250
Seine-et-Marne	27,103	33,783	6,680	852	1,014	162
Seine-et-Oise	37,574	47,028	9,454	852	999	147
Sèvres (Deux-)	13,448	27,960	14,512	467	901	434
Somme	60,493	70,557	10,064	1,149	1,261	112
Tarn	9,029	21,186	12,157	276	602	526
Tarn-et-Garonne	6,549	15,598	9,049	263	643	380
Var	12,647	19,519	6,872	407	595	188
Vaucluse	12,016	17,277	5,261	516	688	172
Vendée	11,172	21,393	10,221	346	600	254
Vienne	7,197	16,606	9,409	269	564	295
Vienne (Haute-)	4,468	11,110	6,642	162	579	217
Vosges	40,362	62,015	21,653	1,063	1,477	414
Yonne	29,603	40,903	11,300	863	1,129	264
TOTAUX	1,935,624	3,046,863	1,111,239	608	890	282

N° 8.

TABLEAU des départements classés selon le nombre, plus ou moins grand, d'enfants des deux sexes qui fréquentaient les écoles primaires pendant l'année 1842 et présentant en outre la comparaison avec l'année 1831.

CLASSEMENT	DÉPARTEMENTS	NOMBRE des enfants qui, sur une population de 10,000 habit., fréquentaient les écoles primaires en 1842	en 1831	CLASSEMENT	DÉPARTEMENTS	NOMBRE des enfants qui, sur une population de 10,000 habit., fréquentaient les écoles primaires en 1842	en 1831
1	Marne (Haute-)	1,786	1,569	44	Calvados	806	606
2	Doubs	1,714	1,574	45	Garonne (Haute-)	798	443
3	Saône (Haute-)	1,710	1,576	46	Rhône	796	608
4	Meurthe	1,674	1,442	47	Ardèche	794	397
5	Meuse	1,668	1,529	48	Orne	774	531
6	Alpes (Hautes-)	1,615	998	49	Gironde	751	282
7	Rhin (Bas-)	1,574	1,442	50	Loir-et-Cher	744	378
8	Rhin (Haut-)	1,557	1,178	51	Maine-et-Loire	713	519
9	Jura	1,525	1,113	52	Mayenne	713	369
10	Vosges	1,477	1,063	53	Vaucluse	688	516
11	Ardennes	1,452	1,591	54	Aude	686	585
12	Marne	1,443	1,247	55	Bouches-du-Rhône	647	359
13	Moselle	1,438	1,252	56	Tarn-et-Garonne	643	265
14	Côte-d'Or	1,421	1,123	57	Sarthe	627	372
15	Aube	1,385	1,251	58	Lot-et-Garonne	614	292
16	Lozère	1,352	618	59	Nièvre	611	273
17	Oise	1,298	1,179	60	Tarn	602	276
18	Somme	1,261	1,149	61	Vendée	600	346
19	Isère	1,227	459	62	Var	595	407
20	Pas-de-Calais	1,159	1,254	63	Corse	578	560
21	Loire (Haute-)	1,149	84	64	Ille-et-Vilaine	567	210
22	Aveyron	1,137	222	65	Vienne	564	269
23	Aisne	1,136	1,068	66	Charente	558	425
24	Yonne	1,129	865	67	Charente-Inférieure	550	426
25	Eure-et-Loire	1,123	906	68	Seine	549	572
26	Ain	1,104	542	69	Lot	541	259
27	Manche	1,068	723	70	Pyrénées-Orientales	540	265
28	Alpes (Basses-)	1,041	550	71	Gers	533	327
29	Pyrénées (Hautes-)	1,039	702	72	Loire-Inférieure	530	123
30	Drôme	1,034	352	73	Puy-de-Dôme	495	173
31	Seine-et-Marne	1,014	852	74	Landes	491	301
32	Hérault	1,011	514	75	Dordogne	491	147
33	Seine-et-Oise	999	852	76	Corrèze	484	108
34	Seine-Inférieure	945	695	77	Creuse	474	195
35	Loire	938	631	78	Indre-et-Loire	467	260
36	Pyrénées (Basses-)	934	727	79	Ariège	465	268
37	Cantal	933	158	80	Cher	429	252
38	Nord	906	897	81	Côtes-du-Nord	429	196
39	Gard	905	662	82	Vienne (Haute-)	379	162
40	Sèvres (Deux-)	901	467	83	Morbihan	371	91
41	Loiret	862	450	84	Indre	370	221
42	Eure	852	692	85	Allier	358	111
43	Saône-et-Loire	814	453	86	Finistère	358	118

Nº 9.

TABLEAU des départements classés selon l'augmentation plus ou moins grande qu'a subie le nombre des enfants des deux sexes qui fréquentaient les écoles primaires en 1831 et 1842.

CLASSEMENT.	DÉPARTEMENTS.	AUGMENTATION qu'a subie, sur une population de 10,000 habitants, le nombre des enfants qui fréquentaient les écoles primaires en 1831 et en 1842.	CLASSEMENT.	DÉPARTEMENTS.	AUGMENTATION qu'a subie, sur une population de 10,000 habitants, le nombre des enfants qui fréquentaient les écoles primaires en 1831 et en 1842.
1	Loire (Haute-)	1,065	44	Yonne	264
2	Aveyron	915	45	Sarthe	255
3	Cantal	795	46	Vendée	254
4	Isère	788	47	Seine-Inférieure	250
5	Lozère	734	48	Allier	247
6	Drôme	682	49	Gard	245
7	Alpes (Hautes-)	617	50	Orne	243
8	Ain	562	51	Côtes-du-Nord	235
9	Alpes (Basses-)	511	52	Meurthe	252
10	Hérault	497	53	Finistère	220
11	Gironde	469	54	Eure-et-Loir	217
12	Sèvres (Deux-)	434	55	Marne (Haute-)	217
13	Vosges	414	56	Vienne (Haute)	217
14	Jura	412	57	Indre-et-Loire	207
15	Loiret	412	58	Pyrénées (Basses-)	207
16	Loire-Inférieure	407	59	Gers	206
17	Ardèche	397	60	Calvados	200
18	Maine-et-Loire	394	61	Ariége	197
19	Tarn-et-Garonne	380	62	Cher	197
20	Rhin (Haut-)	379	63	Marne	196
21	Corrèze	376	64	Landes	190
22	Loir-et-Cher	366	65	Rhône	188
23	Saône-et-Loire	358	66	Var	188
24	Ille-et-Vilaine	357	67	Moselle	186
25	Garonne (Haute-)	355	68	Seine	177
26	Dordogne	344	69	Vaucluse	172
27	Mayenne	344	70	Seine-et-Marne	162
28	Manche	343	71	Eure	160
29	Doubs	340	72	Indre	149
30	Pyrénées (Hautes-)	337	73	Seine-et-Oise	147
31	Nièvre	336	74	Meuse	139
32	Saône (Haute-)	334	75	Aube	134
33	Tarn	326	76	Charente	133
34	Lot-et-Garonne	522	77	Rhin (Bas-)	132
35	Puy-de-Dôme	522	78	Charente-Intérieure	124
36	Aude	501	79	Oise	119
37	Côte d'Or	298	80	Somme	112
38	Vienne	295	81	Bouches-du-Rhône	88
39	Loire	287	82	Aisne	68
40	Lot	282	83	Ardennes	61
41	Creuse	281	84	Corse	18
42	Morbihan	280	85	Nord	9
43	Pyrénées-Orientales	275	86	Pas-de-Calais	—93

TABLE

ANALYTIQUE ET RAISONNÉE DES MATIÈRES

que contient

le *Recueil méthodique des Lois, Ordonnances, Règlements, Arrêtés et Instructions relatifs aux Écoles normales primaires.*

A

21.

Articles.

(327)

Conseil royal de l'instruction publique.

Créances et dettes.

D

E

ÉCOLES MODÈLES PROTESTANTES.

(345)

H

I

Articles.

M

Articles.

(353)

N

O

Ordonnance royale.

Ordonnateur des dépenses.

R

Articles.

(362)

Articles.

TABLE DES MATIÈRES.

(368)